Hanspeter Betschart

Jahreskreis

Hanspeter Betschart

Jahreskreis

Kurzbetrachtungen und Radiopredigten

Fromm Verlag

Impressum/Imprint (nur für Deutschland/ only for Germany)
Bibliografische Information der Deutschen Nationalbibliothek: Die Deutsche Nationalbibliothek verzeichnet diese Publikation in der Deutschen Nationalbibliografie; detaillierte bibliografische Daten sind im Internet über http://dnb.d-nb.de abrufbar.

Contact:
International Book Market Service Ltd., 17 Rue Meldrum, Beau Bassin, 1713-01 Mauritius
Website: www.bookmarketservice.com
Email: info@bookmarketservice.com

Gedruckt in: USA, UK, Deutschland. Dieses Buch wurde nicht in Mauritius produziert.

Imprint (only for USA, GB)
Bibliographic information published by the Deutsche Nationalbibliothek: The Deutsche Nationalbibliothek lists this publication in the Deutsche Nationalbibliografie; detailed bibliographic data are available in the Internet at http://dnb.d-nb.de.

Contact:
International Book Market Service Ltd., 17 Rue Meldrum, Beau Bassin, 1713-01 Mauritius
Website: www.bookmarketservice.com
Email: info@bookmarketservice.com

Printed in: U.S.A., U.K., Germany. This book was not produced in Mauritius.

ISBN: 978-3-8416-0204-6

Hanspeter Betschart

Jahreskreis

Kurzbetrachtungen und Radiopredigten

Inhalt

Warten

In der Adventszeit lässt sich gut über das Warten nachdenken! Niemand von uns wartet gerne, und doch müssen wir in unserem Leben enorm viel warten. Warten im Wartsaal. Warten im Stau. Jetzt vor Weihnachten die lange Warterei in der Kassenschlange. Warten in der Schule, bis zäh dahin schleichende Stunden endlich vorbei sind und die Ferien kommen. Warten auf den Berufsabschluss und eine gute Stelle, Warten auf die Qualifikation und den höheren Lohn, Warten auf die Pensionierung, banges Warten auf eine Operation, Warten im Altersheim, Warten auf einen guten Tod.

In Wartezimmer einer zahnärztlichen Praxis sieht man so richtig schön, wer wie gut warten kann. Einige sind ganz nervös und können nicht mehr ruhig auf dem Stuhl hocken, andere blättern hektisch in einem alten «Heftli». Es «verjagt» sie fast beim Warten, wie ein Kind vor dem «Samichlaus». Aber nicht nur Kinder sind jetzt voller Spannung und «Gwunder» auf die Geschenke, die unter dem Weihnachtsbaum liegen werden. Gerade das Weihnachtsfest bringt auch vielen Erwachsenen einen unheimlichen inneren Stress und Erwartungsdruck!

Die Ungewissheit beim Warten kann uns fast krank machen: Angst vor Schmerzen, vor einem schlechten Bescheid, Angst vor unbekannten Menschen und Situationen. Wie wir warten hängt offenbar damit zusammen, auf wen oder auf was wir warten. Wir sehen das bei Verliebten. Das ist ein ganz besonderes Warten, voller Vorfreude und gespannter Unruhe. Wir verhalten uns ganz anders, wenn wir einen lieben Menschen auf Besuch erwarten, als irgend einen «ohnmächtigen Joggi» aus der Verwandtschaft. Wir machen beim Warten alles, damit lieber Besuch bei uns gut aufgenommen wird. Auch wenn er noch nicht da ist, der Erwartete bestimmt unser Warten. Wenn ein kleines Kindlein erwartet wird, werden Wiege und Kinderzimmer sorgfältig vorbereitet. Schon lange vor der Geburt wollen Verwandte und Bekannte etwas beisteuern, damit das Kleine auch ja gut aufgenommen wird.

Maria erwartet ein Kind. Mit ihr warten wir auf einen längst Erwarteten. Sein Kommen ist eine Freude für all jene, die eigentlich nichts mehr erwarten und die überhaupt niemand erwartet, die «Krämpfe» haben in ihrem Leben, alle diese «ohnmächtigen Joggis», die nirgends willkommen sind und doch auf Mitmenschen warten, die es gut meinen - auch der «ohnmächtige Joggi» in mir selber. Auf

Weihnachten zu warten ist keine Kunst, wir kennen den Erwarteten, auf Weihnachten zu warten ist zugleich nicht einfach, weil wir genau wissen, was Jesus von uns erwartet: nämlich in unseren Herzen und Gemeinschaften neu geboren zu werden!

Engel

In langen, beschwerlichen Prozessen der persönlichen und beruflichen Entscheidungsfindung und Neuorientierung können uns einsichtige, verständnisvolle Mitmenschen kluge Hinweise und klare Signale geben. In echter Freundschaft eröffnen uns diese Engelserfahrungen die Zukunft und weisen uns neue Wege. Die Stimme des Engels verdichtet unser langwieriges Suchen endlich zu einem eindeutigen: Ja! Im Nachhinein verklären und überhöhen wir diese Engelsstimmen in grosser Dankbarkeit.

Engel können aber auch jäh, unerwartet und urplötzlich an dich herantreten. Sie reissen dich radikal heraus aus deinen mehr oder weniger wohligen Befindlichkeiten, unerbittlich und unausweichlich. Mit Urgewalt drängt sich dir göttlicher Wille auf. Alle deine urmenschlichen Einwände und Ängste sind Kartenhäuser. Himmlischer Sturm fegt sie hinweg. Dir bleibt einzig das: Ja, es geschehe! Diese gewaltige Erschütterung führt erst spät zum menschlichen Lobpreis und Dank!

Aus der Sicht der Gesetzesfrommen in Jerusalem war die galiläische Heimat Jesu halbheidnisches Gebiet, ein unreines Völkergemisch, ein unmöglicher Ort für die Geburt des Messias, des Erlösers Israels. Doch exakt hier tritt Gabriel, der Bote Gottes, zu der jungen Frau Marjam von Nazareth, der Verlobten von Josef dem Gerechten aus dem Geschlechte Davids: «Durch die Gnade des göttlichen Heiligen Geistes wirst du ein Kind empfangen und einen Sohn gebären! Gib ihm den Namen Jesus! Er ist der Sohn Gottes, er wird dein Volk erlösen! Kein Aber! Gott wird alles möglich machen!» *(Lk 1,31.35.37)*

Engel verbinden Himmel und Erde, Irdisches und Allzumenschliches mit der allerhöchsten Heiligkeit Gottes. Engel bringen die himmlische Umwertung aller menschlichen Werte. Himmel beginnt dort, wo Unscheinbares, Unbedeutendes, Unbeachtetes plötzlich alle Überheblichen, Reichen und Mächtigen in den Schatten stellt. Über der schweren Scholle öffnet sich die lichte Weite des Himmels! Gott ist nahe! Jetzt entsteht sein messianisches Reich der Liebe und des Friedens!

Über der Stadt Davids besingen Engel die Grösse Gottes und machen die göttliche Gegenwart sagbar, spürbar und greifbar! «Gabri-El» - «Mein grosser und mächtiger Herr ist Gott!» Die grossen Verkündigungsengel singen in der erhabenen Sprache der lateinischen Liturgie das «Gloria»: «Gloria in excelsis Deo!» - «Ehre sei Gott in der Höhe!» Und fröhlich kommt das Echo des kleinen hochgeschürzten Engelchens mitten auf den Feldern und in der Sprache des Volkes: «Und Friede den Menschen auf Erden!» *(Lk 2,14)*

Eine grandiose himmlische Vision erklingt in den Sphären der Engel: Der Lobpreis des barmherzigen und gerechten Gottes wird untrennbar verbunden mit dem umfassenden messianischen Frieden für alle Menschen guten Willens: Leidende werden getröstet, Hungernde und Dürstende werden gesättigt, auch jeder Hunger und Durst nach Gerechtigkeit. Die Menschen werden bescheiden und demütig, ihr Herz wird rein und sanft, friedlich und barmherzig. *(Mt 5,3-10)*

Wo an Weihnachten die süssen Engelszungen singen und die himmlischen Heerscharen musizieren, da ist meist auch schon ein Fasnachts-Teufelchen am Zündeln! Man hört etwa: «Glitzerndes Engelshaar gehört halt zur Weihnachtszeit. Alle wollen sich ein wenig über das Gewöhnliche und Alltägliche erheben. Bleiben wir realistisch! Hören wir auf herumzuträumen und nehmen wir die Wirklichkeit, wie sie ist! Hüten wir uns vor faulem Märchenzauber! Mit himmlischen Weihnachts-Utopien können wir den Jahreslauf und die heutige Welt um keinen Deut verändern!»

Aber Hand aufs Herz: Hast du noch nie Engelsgeduld und Engelsgüte erfahren? Hast du noch nie die Stimme eines Engels vernommen? Hast du noch gar nie himmlischen Schutz, göttliche Begleitung und Führung gespürt? Hast du noch nie in deinem Leben eine unendliche Sehnsucht empfunden nach der Reinheit des Herzens, ein tiefes Sehnen nach Geborgenheit im äusseren und inneren Frieden? Hast du noch nie in deinem Seelengrund das Geheimnis Gottes erahnt?

Wir verfallen immer wieder dem Götzendienst, einem dunklen nichts sagenden Leben. Unser Alltag wird so schnell leer und bedeutungslos, er verliert sich in Banalitäten ohne Sinn und Ziel.

Du musst kein Engel werden! Du musst bloss den Engeln eine Chance geben! Halte dich offen für die Begegnung mit deinem Engel, werde immer wieder still und lausche auf die Sphärenklänge in deiner Seele!

Das ist das Geheimnis von Weihnachten: Du bist nie allein! Dein Leben gelingt! Lass immer deinen Engel reden, nicht nur zur Weihnachtszeit, sondern hier und jetzt! Dein Engel kann dir in jeder Dunkelheit und Finsternis eine warme Kerze der Hoffnung und einen leuchtenden Stern der Liebe entzünden, ganz unerwartet und unverdient, und die Welt bekommt ein neues Gesicht. Wenn die Engel erscheinen, wird die Mitternacht zum hellen Tag: «Fürchtet euch nicht, wir verkünden euch eine riesengrosse Freude! Der Heiland ist geboren. Gott wird Mensch! Sein Herz schlägt in dir und für euch alle! Freut euch!» *(Lk 2,10f.)*

Ochs und Esel

Das kirchliche Weihnachts-Evangelium nach Lukas berichtet nichts von einem Ochsen und von einem Esel bei der Krippe Jesu. Im ausserkanonischen Protoevangelium des Jakobus aus der ersten Hälfte des dritten Jahrhunderts versteckt Maria den Jesusknaben vor dem drohenden Kindermord: *«Sie nahm das Kind, wickelte es in Windeln und legte es in eine Ochsenkrippe.» (Protev 22,2)* Das Kindheitsevangelium nach Matthäus am Anfang des siebten Jahrhunderts erzählt dann von zwei tierischen Zuschauern bei der Futterkrippe und verweist dazu auf die Erfüllung der beiden Prophetenworte von Jesaja und Habakuk: *«Der Ochse kennt seinen Besitzer und der Esel kennt die Krippe seines Herrn.» (Jes 1,3)* Und: *«Zwischen zwei Tieren wirst du erkannt.» (Hab 3,2)* Künftig gehören auch Ochse und Esel zu den traditionellen Krippenfiguren.

Die Engel vergegenwärtigen die himmlische Welt, Maria und Josef alle Frauen und Männer dieser Erde, die Könige versinnbildlichen die Leute ganz oben, die Hirten alle Menschen ganz unten auf der üblichen gesellschaftlichen Stufenleiter, Ochs und Esel stehen für die Tierwelt, die Krippenkulisse umfasst die pflanzliche und die unbelebte Natur.

Himmel und Erde huldigen dem neuen König. Doch die heilige Stadt Jerusalem verriegelt alle Türen und Tore. Der alte Herodes mit seinem verkopften Beraterkreis verbarrikadiert sich im Königspalast. Zum neuen König, zum kleinen Knaben in der Krippe kommen nur jene, die mit einem kindlichen Herzen draussen in der freien Natur auf der Suche sind!

In jeder Krippenfigur steckt ein Stück von uns selber: Der Engel, das Königliche, das Kind im Manne und in der Frau, das Weibliche und das Männliche, die Hirtin oder der Hirte in jedem Menschen. Ochs und Esel manifestieren das Vitale in mir, das Animalische und das Tierische, das Stroh und den Mist, den Stall mit «meinen» Tieren!

Welches ist mein Lieblingstier in der Krippe? Das zarte Lämmlein, das besorgte Mutterschaf, der bestimmende Leithammel oder der treue Hirtenhund?

Die riesige Arche des Noah birgt eine weitere kunterbunte Versammlung von Tieren aller Art! Welches Tierlein passt zu mir? Bin ich die fleissige Biene oder das flinke Wiesel, bin ich wirklich ein süsses Meerschweinchen oder ein beherzter mutiger Löwe? Oder bin ich vielleicht doch eher ein Lama und ein Papagei, ein Stockfisch und ein komischer Kauz, ein Hornochse oder ein Mistfink?

Der Menschenzoo erinnert uns an gewisse Mitmenschen und an bestimmte Seiten in uns selber: Wir surren, meckern, bellen und rüsseln überall herum. Wir sind bissig und giftig, störrisch, dickfellig und bockig, dann wieder aalglatt und allzu schleimig.

Sehr weit sind wir Menschen von den lieben Tierchen nicht entfernt! Oft tragen wir Tiermasken und spielen ziemlich tierische Rollen. Wir lassen uns nicht gerne vor mühselige Ochsen- oder Eselskarren spannen. Wir sitzen viel lieber auf dem hohen Ross und kommandieren von oben herab. Wie ein Hornvieh stieren wir unsern Grind durch, wir treiben das fiese Katz- und Mausspiel oder vergiessen Krokodilstränen.

Wir sind störrische Grautiere und wollen unsere Ideen unter allen Umständen durchstieren oder durchochsen. Wir wiehern wie Eselshengste und Eselsstuten. Alte Esel führen sich auf wie einfältige junge Gumpieselchen. In unserem «Ochsen» haben wir wieder einmal einige «Öchsle» zu viel intus. Dabei kennt jedes Rindvieh instinktiv das gute Mass beim Saufen.

Sollte in unserem Leben nicht das Herz das Mass aller Dinge sein, sollte in unserem menschlichen Leben eigentlich nicht die Liebe die Hauptrolle spielen? Gott möchte doch auch in unserem Gesicht menschlich sichtbar werden!

Im Wort des Propheten Jesaja *«kennt der Ochse seinen Besitzer und der Esel kennt die Krippe seines Herrn.»* Jeder Ochse weiss, wo er zu Hause ist, und jeder Esel spürt, wo er hingehört. Nur wir Menschen irren oft so heimatlos herum, von Frage zu Frage, von Haus zu Haus, von einem goldenen Kalb zum andern und von einem Götzen zum nächsten. Wirklich daheim sind wir in der menschlichen Herzlichkeit Gottes, dort wo auch Ochse und Esel zuhause sind und friedlich Seite an Seite lagern.

Im Alten Orient und in der Bibel wurden Ochs und Esel vorwiegend positiv bewertet. Der Esel galt als vorsichtiges Last- und Reittier der Karawanen. Ochse und Esel wurden als treue, belastbare Arbeitstiere auf dem Feld sehr geschätzt.

Erst im Mittelalter wurden die trägen und störrischen Esel nur noch verachtet. In den mittelalterlichen Schulen musste der dümmste Schüler sogar eine Tafel mit einer lateinischen Aufschrift umhängen: «Asinus» - «Esel».

Die urkirchliche Gemeinschaft, die aus dem Judentum hervorgegangen war, wurde für die Kirchenväter durch den Ochsen symbolisiert, durch das reine Tier in der Krippe. In dieser allegorischen Deutung ist der unreine Esel das Sinnbild der Kirche aus den Heidenvölkern.

Beide urkirchlichen Gemeinschaften drehen sich der Krippe Jesu zu. Ochs und Esel wenden sich von ihren Eseleien und Ochsentouren ab und hören auf, Mist zu bauen und leeres Stroh zu dreschen. Nach dem Wort des Propheten Habakuk wird der kleine neue König *«zwischen zwei Tieren erkannt werden.»* Der Ochse und der künftige Palmesel wärmen das Jesuskind und den Stall mit ihren Nüstern. Der störrische Esel und der stumme Ochse in uns sollten ihr Denken und Handeln vor der weihnächtlichen Krippe vollständig umdrehen und fortan dem Friedensfürsten folgen. Der Esel wird das Reittier für die Flucht nach Ägypten, *auf einer Eselin* wird Jesus *sanftmütig* ins himmlische Jerusalem *einreiten. (Mt 21,5)*

Dreikönigen

Zum achten Geburtstag schenkte mir die Grossmutter «Das Goldene Märchenbuch» der Brüder Grimm. Immer und immer wieder las ich darin bekannte Geschichten wie das Märchen vom Froschkönig, der eben wider Erwarten kein kalter, garstiger Frosch war, sondern ein Königssohn mit schönen, freundlichen Augen.

Viele dieser Märchen berichten von Kindern aus ärmlichen Verhältnissen, die plötzlich und unverhofft Glück haben und sogar zu reichen Königinnen und Königen werden!

Denken wir an Hänsel und Gretel oder an das mausarme Aschenputtel, das von der bösen Stiefmutter schikaniert wird und schliesslich den Königssohn heiratet. Oder erinnern wir uns an die schöne, arme Müllertochter, die im Märchen vom Rumpelstilzchen schliesslich zur reichen Königin wird.

Viele Mythen und Märchen berichten von Kindern und Jugendlichen in ganz einfachen Verhältnissen, die entdecken, dass sie eigentlich schon immer Königskinder waren, verwunschene Prinzessinnen und verzauberte Prinzen.

In all diesen Märchen spielt der Traum von blühender Jugend, von Schönheit und Reichtum eine zentrale Rolle, ähnlich wie in der glamourösen Jet-Set-Welt moderner Kultserien, oder wie beim sagenhaften Aufstieg des Afroamerikaners Barack Obama zum Präsidenten der Vereinigten Staaten und damit zum mächtigsten Mann der Welt.

In einer anderen modernen Märchen- und Zauberwelt, die ganze Generationen in Atem hält, wirken ähnliche Sehnsüchte. Wir erinnern uns an den Rummel um den jungen Zauberer Harry Potter, dessen Bücher und Filme von den Kindern, aber auch von ihren Eltern und sogar Grosseltern geradezu verschlungen werden.

Harry Potter ist ein armer Vollwaise, der bei seiner bösen Tante, einem perfiden Onkel und einem ekelhaften Cousin lebt. Von diesem «Trio infernale» wird der Junge auf alle möglichen Arten drangsaliert und unterdrückt. Aber Harry Potter entpuppt sich als ein ganz grosser und bedeutender Zauberer, vielleicht sogar als der grösste aller lebenden Magier überhaupt!

Vielen Leuten fällt auf, dass in all diesen Märchen und Mythen, wie auch in den dicken Büchern über Harry Potter die christliche Überlieferung überhaupt keine Rolle spielt, dass Religion und Kirche darin absolut nicht vorkommen!

Das stimmt. Weihnachten ist in den Harry Potter-Büchern das Festessen und Weihnachtsferien! Hingegen spielen in dieser modernen Zauberwelt so wichtige zwischenmenschliche Werte wie Kameradschaft und Freundschaft, Ehrlichkeit und Zuverlässigkeit eine ganz bedeutende Rolle.

Für viele Zeitgenossen ist der heutige Festtag von Epiphanie mit seinem Evangeliumstext zum Hochfest der Erscheinung des Herrn wie ein Märchen und ein Mythos der Vergangenheit oder der modernen Zauberwelt.

Denn nach dem Matthäusevangelium verheisst eine herausragende Himmelserscheinung in Mesopotamien, dem Heimatland der Astrologie und Astronomie, den gelehrten Sternforschern die Geburt des Messias:

«Und du, Bethlehem Ephrata im jüdischen Land, bist keineswegs die kleinste unter den Fürstenstädten in Juda; denn aus dir wird ein Fürst hervorgehen, der mein Volk Israel weiden wird.» (Micha 5,1)

Da rief König Herodes die Weisen heimlich zu sich und wollte von ihnen genau erfahren, wann der Stern erschienen sei. Und er schickte sie nach Bethlehem mit den Worten: Geht und forscht nach dem Kind! Und wenn ihr es gefunden habt, meldet es mir, damit auch ich hingehen und ihm huldigen kann.

Auf das Wort des Königs hin machten sie sich auf den Weg Und siehe da: Der Stern, den sie bei seinem Aufgang gesehen hatten, zog vor ihnen her, bis er über dem Ort stehen blieb, wo das Kind war. Als sie den Stern sahen, überkam sie grosse Freude. Und sie gingen ins Haus hinein und sahen das Kind mit seiner Mutter Maria. Sie fielen vor ihm nieder und huldigten ihm, öffneten ihre Schatztruhen und brachten ihm Geschenke dar: Gold, Weihrauch und Myrrhe.

Weil aber ein Traum sie angewiesen hatte, nicht zu Herodes zurückzukehren, zogen sie auf einem andern Weg heim in ihr Land. (Mt 2,6-11)

Auch im Matthäusevangelium trachtet ein böser König dem eben geborenen neuen Königskind nach dem Leben. Ein wunderbarer Stern führt die Magier aus dem Osten zu einem armseligen Stall in Bethlehem, wo sie vor einem Säugling und seinen armen Eltern königliche Schätze niederlegen: Gold, Weihrauch und Myrrhe!

Der Bibel geht es nicht um ein weiteres wunderbares Märchen oder um eine stimmungsvolle Zauberwelt zur allgemeinen Unterhaltung. Die biblische Botschaft deutet alle menschlichen Vorstellungen von Glück, Schönheit und Reichtum radikal um. Nicht der mächtige Herodes der Grosse mit seiner weltlichen Herrlichkeit ist der eigentliche König: Der wahre König ist der kleine schutzlose Knabe im Stall von Bethlehem: Der Jesusknabe ist der gesalbte Sohn Davids, der erwartete Messias!

Eine solche zentrale Glaubensbotschaft entsteht erst im Nachhinein. Sie möchte zum Glauben führen. Bei überragenden Persönlichkeiten und grossen Talenten sucht man die Keime dieser bedeutenden Entwicklung schon in der Kindheit und Jugendzeit. Im Blick auf das Heilswirken Jesu und im Rückblick auf sein Leiden, seinen Tod und seine Auferstehung berichtet auch der Evangelist Matthäus von der Geburt des Jesuskindes.

Mit seiner Mutter Maria stammt der neugeborene Knabe aus dem verachteten Dorf Nazareth im halbheidnischen Galiläa. Bereits bei seiner Geburt ist der Heilige Geist am Werk. In ihm bricht das Reich Gottes an: Unmögliches wird möglich, Kleines, Schwaches, Verachtetes, Bedeutungsloses, Namen- und somit Geschichtsloses wird von Gott gross gemacht.

Komplett erschüttern die Magier das Weltbild des Königs Herodes und seiner Berater! Maria und Josef brauchen sich vor dem göttlichen Heilshandeln nicht zu fürchten. Gott selber beginnt hier offenkundig und für die ganze Welt sichtbar mit seinem neuen Reich!

Der Himmel, der gesamte Orient, die Schätze der Umwelt Israels beugen sich zur Erde: Wie Maria wird auch das kleine unbedeutende Städtchen Bethlehem gross und bedeutend werden.

Gottes Herrlichkeit zeigt sich im Schlichten und Einfachen, bei den sozial Bedeutungslosen, auf der untersten Stufe der gesellschaftlichen Leiter. Bei einem Kind liegen die wahren Schätze der Weisheit.

In unseren Weihnachtskrippen stellen die drei Könige die drei Lebensalter des Menschen dar. Die Könige und ihre Geschenke symbolisieren auch die drei damals bekannten Erdteile. Die frühchristliche Legende macht aus den drei Geschenken von Gold, Weihrauch und Myrrhe die drei Könige, je mit einem persischen, mit einem hebräischen und einem akkadischen Namen.

Der schwarze jugendliche Kaspar stammt aus dem Goldland Nubien in Afrika. Melchior, der Mann in der Vollkraft seiner Jahre, bringt die Myrrhe aus Europa und der weise, würdige Greis Balthasar mit seinem grauen Bart schenkt den asiatischen Weihrauch.

Die heilige Dreizahl versinnbildlicht in umfassender Weise die ganze damalige Welt! Aber in dieser wunderbaren, fast zauberhaften Erzählung wird klar, dass Gott mit Jesus etwas Neues und Befreiendes begonnen hat, nämlich die Umwertung aller Werte!

Alle drei Lebensphasen des Menschen, der junge, der reife und der alte König verneigen sich vor dem armen «König aller Könige». Die Fürstinnen und Herrscher dieser Welt sind enttrohnt. Im Zentrum steht jetzt der Gottessohn, der Kindkönig des Lichtes, der Liebe und des Friedens.

Das Christkind bestimmt nun den neuen königlichen Lebensrhythmus: Jetzt zählen Werte wie Demut, Bescheidenheit, Dankbarkeit, vor allem: Offenheit für das Wirken Gottes, ein immenses Vertrauen in die göttliche Führung und Begleitung!

Zwischen den beiden Machtblöcken im Osten und im Westen, in Mesopotamien und am Nil, wurde das kleine Israel in seiner Geschichte immer wieder gerettet. Der Sohn Davids, der Messias Gottes aber bringt umfassendes Heil: im Osten und im Westen, im Himmel und auf Erden, für die Oberschicht und ganz besonders für die arme und verachtete Unterschicht. Aus der geheiligten Vergangenheit heraus schafft Gott in seinem Sohn Jesus Christus eine heile Zukunft. Er rettet und bewahrt das neue Israel für die Herzen der Menschen!

Seit dem Mittelalter gibt es am Festtag von Dreikönigen szenische Spiele, das Sternsingen und das Kasperlitheater. Ein solches kindliches Dreikönigsspiel bringt die universale und zugleich ganz persönliche Herzens-Botschaft des Festes von Epiphanie sehr schlicht und ganz berührend zum Ausdruck!

Jedes Kind erhält in diesem Spiel einen goldigen Stern und singt für sich und für uns alle: «Ich bin der Stern am Himmelszelt und leuchte in die dunkle Welt!» Wir alle sind kleine Sterne, die Licht ihr in aller menschlichen und zwischenmenschlichen Dunkelheit zum Leuchten bringen können.

In diesem Spiel gibt es beim Dreikönigskuchenessen keine zauberhafte Lotterie um den einzigen König! Hier findet jedes Kind in seinem Kuchenstück seinen König und seine Königin, denn jedes Kind - wir alle - sind königlich: einmalige und unverwechselbare Persönlichkeiten, von Gott gesegnet und begnadet!

Das ist das wahre weihnächtliche Wunder von Epiphanie: Jedes Kind ist ein Stern und ein kleiner gottbegnadeter König! Jedes Kind darf daher auch eine goldene Krone aufsetzen: Jedes Kind und jeder Erwachsene ist königlich! Der wahre königliche Reichtum liegt in unseren Herzen.

Nach einem alten Brauch segnen wir am Festtag von Dreikönigen unsere Häuser und Wohnungen. Der Haus- und Wohnungssegen am Festtag von Epiphanie gilt für uns alle: Christus möge unsere Herzen segnen, uns selber als heiligen Tempel Gottes! Amen.

Kraut und Unkraut – Knittelverspredigt zur Fasnacht

Lieber Mitmensch, guten Morgen!
Fasnacht herrscht, vertreibt die Sorgen.
Fröhlichkeit, viel Spass, Humor
beflügeln auch den Christenchor.
Das Sonntagswort in Knittelversen
heftet sich an alle Fersen,
will die Seelen heiter stimmen,
dass sie nicht zur Hölle schwimmen,
hier schon stimmungsvoll erklingen,
und einst in Himmelshöhen singen.

Doch, o wehe, hier auf Erden
könnte man ganz irdisch werden!
Schon die Familie und Verwandte,
verlorner Sohn, die Klatschmaul-Tante,
böse Nachbarn, Neid und Zank,
ihr Gerede findet jeden Rank!
An Arbeitsplätzen gilt erst recht:
Wer gut mobbt, der fährt nicht schlecht,
oben buckeln, unten trampen.
Nur die Seele, sie wird «lampen»!
Wer will - in Heime abgeschoben –
fröhlich feiern und Gott loben?

Fasnacht spiegelt hier und irgendwo
unsren ganzen Menschheitszoo
und den Maskenball des Lebens:
Sei er bloss nicht ganz vergebens!
Als Pfau stolziert der schlimme Sohn,
kassiert im Rad den eitlen Lohn,

als Natter züngelt Tante Meise,
verspritzt ihr Gift gleich literweise.
All die lieben Nachbarn finden wir
im Fasnachts-Tierreich wieder hier!
Noahs Arche birgt das Kunterbunt
aus dem ganzen weiten Erdenrund,
all die kleinen, grossen Tierchen,
ihre Moden und Pläsierchen.

Es spiegelt auch die bunte Pflanzenwelt
die ganze Menschheit unterm Himmelszelt:
Blumen, Kräuter, Stauden, Bäume,
den einen Horror, andern Träume.
Frühling, Sommer, Herbst und Winter:
Unser Lebensalter steht dahinter!
Schlüsselblumen, Schneeglöcklein,
Osterglocken: aus die Jesuspein!
Röslein, Röslein, Röslein rot,
heute blühend, morgen tot!
In früher Jugend Knabenkraut,
alles auf den Morgen schaut,
Frauenschuh und Männertreu,
Immergrün macht Abend neu,
Herbstzeitlosen blühen auf,
behalten lange ihren Schnauf!

Nun gibt es Früchte, die wir meiden
und Pflanzen, die wir gerne leiden,
klar in Kraut und Unkraut scheiden!
Wer will Blaken auf den Weiden?
Da sind die Blumen und die Beeren,
die wir alle hoch verehren:
Edelweiss und Enzian,
Silberdistel, Baldrian,

Sonnenblumen, Rosen, Nelken,
frisch erblühte, keine welken!
Bunte Früchte und Gewürze
färben uns die Küchenschürze:
Knoblauch, Schnittlauch und Tomaten
lassen Menüs wohl geraten.
Kirschen, Äpfel, Birnen, Nüsse,
willkommen sind die Gartengrüsse,
Zitronen, Datteln und Bananen
füllen uns die Magenbahnen,
all die vielen Beeren, Feigen
schliessen unsern Früchtereigen,
Hopfensaft und Saft der Reben,
sind für viele Gott gegeben!

Wie beim Menschen und beim Vieh
spielt halt auch die Sympathie:
Wenn dich eine Nessel brennt,
wenn dich jemand «Zwetschge» nennt,
«Pflaume, Kaktus, Pestwurz, Läusekraut»,
wenn dich jemand in die Pfanne haut,
als «Sauerampfer und Kratzdistel»!
Parasiten wie die Mistel
sind Wirtesauger und schmarotzen,
bis sie überfressen kotzen.
Und nicht völlig unerklärlich:
Pilze sind oft sehr gefährlich.
Wer den feinen Steinpilz isst,
den Satansröhrling ganz vergisst,
wird vergiftet, grün und bleich,
landet schnell im Totenreich.
Aus der Optik der Natur
ist unser Urteil schnell und stur!

Wir teilen ein, urteilen fix:
«Die da sind gut, die da sind nix!»
Wir posaunen klar und laut:
«Schädling - Nutztier, Unkraut - Kraut,
brauchbar - Abfall, schwarz und weiss
gut und böse, kalt und heiss!»
Nur uns're Perspektive zählt,
wie eng und schräg auch ausgewählt!
Der Regenwurm als Jahrestier:
Was sagt seine Sicht uns hier?
Was meinen Engerling und Schnecken,
oder gar der Bär beim Honiglecken?
Ist in unsern eig'nen Herzen klar,
was Kraut und was nur Unkraut war?
Das Durcheinander ist nicht klein,
viel Fassade, Maske, Schein!

Herr Jesus spricht vom Weizenacker: *(Mt 13,24-30)*
Die Knechte wollten sogleich wacker
für den Herrn zum Felde rennen,
zum Unkraut rupfen und verbrennen:
«Weizenähren ganz allein
halten unsern Acker rein!»

Jesus mahnt: «Lasst euch doch Zeit,
jetzt braucht es viel Gelassenheit!
Heimtückisch giftig ist der Loll,
die Äcker sind davon jetzt voll,
ähnelt ganz den guten Ähren,
die die Ernte uns vermehren!
Erst wenn Ähren Frucht ansetzen,
lässt sich Kraut und Unkraut schätzen!
Dann wird gesäubert und geschieden!»
«Es wird geschieden» meint hienieden:

Scheidung, Urteil ist nur Gottes Tat!
Drum, Mensch, folge diesem Rat:
Die Ernte kommt! Gut wirkt bestimmt,
wer Verantwortung übernimmt!
Doch bis dahin wohl bedenkt:
Gott, der Wachstum und Gedeihen lenkt,
auch dem Unkraut eine Chance schenkt!
Ihr Menschen, auch daran denkt:
Unkraut gibt's im Nachbarsgarten,
Gott wird bei dir selber warten
mit langem Atmen und Geduld:
Auch du stehst ganz in seiner Schuld!
Werde stark, halt Spannung aus,
ein breites Dach braucht jedes Haus!
In Ruhe und Gelassenheit
spannt sich auch der Himmel weit.
Ein Augentrost, Vergissmeinnicht
ist das Wort, das Jesus spricht:
«Gott lässt seine Sonn' aufgehen,
über Bösen, Guten stehen,
auf Gerechte fällt sein Regen,
bringt auch Ungerechten Segen!» *(Mt 5,45)*

Die Weisheit aus dem Ersten Bund
radikalisiert und macht gesund,
fordert Fromme stark heraus:
«Wer, Herr Jesus, hält dies aus?
Wir sorgten uns um gute Erde,
um guten Samen, dass was werde,
halten deine Weisung ein,
doch wir ernten sauren Wein!
Und die da kümmert keinen Deut,
was du lehrst und sagst uns heut'!

Saufen, fressen, welch ein Graus,
leben toll in Saus und Braus!»
Fasnacht zeigt, ihr lieben Frommen,
Gottes Reich ist erst im Kommen,
doch das Ende kommt bestimmt,
Gute in den Himmel nimmt.
Gott ist barmherzig und gerecht,
wer beides lebt, der fährt nicht schlecht!
Mensch, sei stets auf deiner Hut,
entscheide zwischen bös' und gut!
Gott setzt auf den guten Samen,
auch zur Fasnacht! Punkt und Amen.

Der Mut des Petrus

– Homilie zur Fusswaschung am Hohen Donnerstag

In den heissen Ländern des Nahen Ostens, in Palästina und Israel, war es schon zur Zeit Jesu üblich, einen Gast bei seiner Ankunft zu erfrischen und zu ehren.

Jedem Neuankömmling reichte man eine Schale mit klarem Brunnenwasser. So konnten die Gäste ihren Durst löschen, die Hände waschen und das Gesicht von Schweiss und Schmutz reinigen.

Darauf wurde den Gästen die Füsse gewaschen! Fusswaschungen waren Sklavenarbeit. Die Sklavinnen und Sklaven mussten sich niederbücken und den Herrschaften die Füsse waschen. Wir können gut verstehen, dass sich der Apostel Petrus von seinem Chef auf keinen Fall die Füsse waschen lassen will.

Es geht Simon Petrus partout nicht in den Kopf, dass sein Herr und Meister sich niederbückt und ihm die Füsse wäscht.

Auf einem wunderschönen Relief aus dem zwölften Jahrhundert in der südfranzösischen Abteikirche von Saint-Gilles-du-Gard bei Nîmes ist die Fusswaschung sehr eindrücklich dargestellt worden. Ein Portalrelief zeigt Jesus mit einem Tuch umgürtet, gebeugt über eine Waschschüssel und den blossen rechten Fuss des Petrus. Der Chefapostel Simon Petrus sitzt hochaufgerichtet da und greift sich sehr eindeutig an den Kopf: Der spinnt doch!

Auch wir greifen uns oft in dieser Art an den Kopf, wenn wir uns über jemanden gründlich aufregen und es diesem lieben Mitmenschen ganz eindeutig zeigen wollen, beim Velo- oder Autofahren, am Arbeitsplatz, beim Sport und vor dem Fernseher, daheim in der Familie.

Der da oder die dort hat doch einen Knall und nicht mehr alle Tassen im Schrank? Geht es eigentlich noch? Und dazu bemühen wir ganze zoologische Gärten, ganze Volièren, Aquarien und Terrarien!

Normalerweise waschen wir den andern keine Füsse, im Normalfall waschen wir unsern lieben Mitmenschen lieber die Köpfe! Vor allem dann, wenn es nicht nach unserem Grind geht, nach unsern eigenen Wünschen und Vorstellungen. Wir haben doch die richtige Sicht der Dinge und die absolut verbindliche Perspektive! Und unseren eigenen Kopf lassen wir uns ganz bestimmt von niemandem andern waschen!

Mit seiner provozierenden prophetischen Symbolhandlung macht Jesus genau das Gegenteil. Wie jeder Prophet fordert er uns enorm heraus! Jesus wäscht keine Köpfe, Jesus wäscht Füsse! Dieser Herr macht Sklavenarbeit. Dieser geistliche Meister beginnt ganz unten, er dreht unsern Kopf auf den Boden.

Deutlicher könnte man die neue Sicht nicht demonstrieren, ein ganz demütiger Dienst, aber voller Mut, weil er das normale Denken und Fühlen komplett umdreht: Nur auf dem gleichen gemeinsamen Boden kann echte geschwisterliche Gemeinschaft entstehen.

Typisch für unser alltägliches Denken ist der biblische Oberzöllner Zachäus, der auf den Baum steigt, der sozusagen zu seinem Geist hinaufklettert und von oben herab die Wahrheit erkennen und den Überblick bewahren will. Jesus sagt zu ihm: «Zachäus, du musst herunterkommen, dann erst kann ich in deinem Haus essen und mit dir Gemeinschaft feiern!» *(Lk 19,1-10)*

Damals wie heute dachte man dabei sofort: Der geht doch weg vom Geistlichen, vom Erhabenen und vom einzig Richtigen: Er isst bei einem Zöllner und Sünder! Ganz ohne Worte sagt uns Jesus mit seiner Fusswaschung: Schaut, das ist die Sicht Gottes. Im Blick von unten sind alle mitgemeint, sogar Judas Iskariaot! Diese göttliche Perspektive sprengt unsere menschlichen Quadratschädel! Gottes Sichtweise ist ganzheitlich, umfassend, universal!

Gut sagen wir, mit einer handverlesenen Schar Auserwählter mag dieser demütige und geschwisterliche Austausch ja noch angehen, mit Leuten, die mir entsprechen und die ungefähr meinen Stallgeruch haben!

Aber, könnte ich meinem neidischen Kollegen die Füsse waschen, meiner eifersüchtigen Nachbarin, meiner meckernden Tante oder meinem griesgrämigen Chef?

Grosse Heilige haben uns die göttliche Sicht Jesu vorgelebt! Franziskus ist einer von ihnen, einer, der ebenfalls das Unterste nach oben kehrte. Statt Stärke wählt er Schwachheit, statt Rechthaberei Verwundbarkeit, gegen die Wut seines leiblichen Vaters die Liebe und den Segen des himmlischen, aber ohne je auf den zornigen Vater zu fluchen!

Im Blick auf Jesus, im Blick auf Petrus und Franziskus spüren wir eine enorme Sehnsucht nach wahrer und umfassender Liebe, wir erahnen, wie Gott Körper, Seele und Geist erfasst.

Jesus hat uns allen eine göttliche Kopfnuss gegeben, und wir begreifen, dass Petrus seinem Meister begeistert zuruft: «Dann nicht nur meine Füsse, sondern auch die Hände und das Haupt!»

Himmelreich beginnt dort, wo oben zu unten wird, wo Frieden, Gerechtigkeit und Barmherzigkeit zu leben beginnen, Herzlichkeit und Geschwisterlichkeit, wo ein Mahl der Liebe für alle Menschen gefeiert wird, auch für die Hintersten und die Letzten! Diese Umkehrung aller menschlichen Werte soll nun in die Fusswaschung hineinwirken! Amen.

Bunte Lebensfarben

Farben begegnen wir überall und jederzeit. Farben haben ihre Aussagekraft und ihre Bedeutung. Die Verkehrsampel stoppt uns von Grün über Orange bei Rot.

Unsere Gesichter können gelb, grün und blau werden vor Neid, Eifersucht und Missgunst. Verfärbte Gesichter verraten Krankheiten, aber auch schlechte Gewohnheiten und jahrelange Fehlhaltungen. Gesichtsfarben und Schminke vermögen dann nichts mehr zu vertuschen und alles wieder schön jugendfrisch zu liften.

In der Kirche enthalten die liturgischen Farben das ganze Spektrum des menschlichen Lebens und Erlebens, auch Leiden, Sterben und Tod.

Weiss ist die Farbe der Osterzeit. Das Weiss des österlichen Friedens und der Weisse Sonntag erinnern an unsere Taufe. Mit einer gewissen Wehmut und Sehnsucht denken wir an das unschuldige kleine Kindlein in uns.

Makellos zu sein bedeutet nicht, dass wir möglichst farblos sein sollen. Mehr als an die Unschuld dachte die frühe Christenheit an die Farbe der Würde und der Freiheit. Freie Römerinnen und Römer trugen weisse Gewänder, Sklavinnen und Sklaven erkannte man an ihren farbigen Lumpen. Das Weiss von Ostern ist die christliche Grundfarbe. Gott ruft uns als eigenständige und unverwechselbare Persönlichkeiten.

Grün ist die Farbe im Jahreskreis, die Farbe der Hoffnung. Grün erinnert uns an das aufkeimende Leben, an das Aufblühen der Natur, an die Fruchtbarkeit und das Werden jedes Wesens. Leben ist ein ganz grosses Geschenk: mein Leben, das Leben meiner Mitmenschen. Dankbar engagieren wir uns an der Bewahrung der Schöpfung mit all ihren guten Gaben.

Bei Blau denken wir an Wasser, an Quellen und Bäche, an Flüsse und Seen, an die Weite des Meeres und des Himmels, starke Bilder für die Grösse Gottes. Blau ist die Farbe der Treue. Sie befreit von Ängsten, sie gibt Halt und Sicherheit, Festigkeit in allen wetterwendischen und wetterfühligen Launen. Blau ist die Farbe der Madonna, von Maria in ihrer Einfachheit, mit ihrem Feingefühl und ihrer Sorgfalt.

Rot erinnert uns an ein «rotes Tuch», an Wut und Aggressionen, an Egoismus und Gewalt, an das Feuer des Hasses und der Selbstsucht. Rot ist die Farbe heftiger, aber auch starker Gefühle, die Farbe der Zärtlichkeit und der Liebe. Rot zeichnen wir das grosse Symbol der Herzlichkeit, die Balance von Eigenliebe, Nächstenliebe und Gottesliebe. Blau und Rot gehören zusammen, Treue und Liebe sollen in eins gehen. Das zeigen uns die traditionellen Marien- und Christusdarstellungen, Blau und Rot, Liebe in Treue!

Violett ist die Farbe der Advents- und der Fastenzeit, die Farbe des Wartens, der Besinnung und der Neuorientierung, auch die Farbe der Trauer und des Abschieds. Jedes Leben bringt vielfältige Formen des Abschieds: Abschied von der Kindheit und Jugend, Abschied von der Kraft in der Lebensmitte, Abschied vom Beruf, Abschied von lieben Menschen, Abschied von der Gesundheit, Abschied von meinem eigenen irdischen Leben.

Das Gold ist die festlichste Farbe, die Farbe der Freude und der Gemeinschaft Gottes mit den Menschen. Goldgelb ist die Farbe des Lichtes und des ewigen Friedens.

Menschliche Treue und Liebe, die Farben unseres Lebens können verblassen, stumpf und ausdruckslos werden, farblos und freudlos, erkaltet und abgestorben.

«Gottes Liebe ist grösser als unser Herz.» Gottes Liebe und Treue begleitet menschliche Liebe und Treue, auch in schwierigen Momenten. Diese österliche Perle aus dem ersten Johannesbrief (3,20) schenkt uns Trost, fordert uns aber auch stark heraus.

Weiss und goldgelb, die österlichen Grundfarben sollen im farbenblinden Alltagsgrau das ganze Kolorit und die bunte Palette der menschlichen Lebensfarben durchdringen und in unsern Herzen einen farbenprächtigen Regenbogen zum Leuchten bringen! Nebst vielen farbenfrohen Ostereiern wünschen wir uns dies gegen alle Unterkühlung in unserer Zeit.

Pfingstgeist

Seit der Urkirche spricht man von den sieben göttlichen Gaben des Heiligen Geistes, von der Fülle der Pfingst*gaben* Gottes, die in unserem Denken, Reden und Tun wirken sollen:

Die Gabe der Weisheit: Auch wenn es unsern Kopf fast versprengt vor Wissensdurst und Wissensstoff! Die Weisheit des Herzens zählt: dass wir spüren, was wichtig ist in unserem Leben und was weniger, was Hauptsache ist und was nebensächlich.

Die Weisheit des Herzens kann auch in der kirchlichen Gemeinschaft gute und richtige Prioritäten setzen, die Weisheit des Herzens, weiss, welches die Schwerpunkte der Lehre und des Lebens Jesu sind, und welche ganz sicher nicht!

Die Gabe der Einsicht: Gott schenkt uns den Blick für die Zusammenhänge, dass ich Schwerpunkte setzen, aber auch relativieren kann, dass wir sehen lernen, wo wir aus Mücken Elefanten gemacht haben und umgekehrt, dass wir nicht nur einseitig die Gegensätze und Unstimmigkeiten herausstreichen, sondern dass wir umfassend denken lernen, dass wir nicht an unserem Egoismus kleben und in einen sektiererischen Wahn verfallen. Einsicht bedeutet aber auch, dass ich einen Sinn und ein Ziel in meinem Leben sehen und erfahren darf.

Gott gibt uns die Gabe des Rates. Mit dem Geist Jesu sind wir gut beraten, so gut, dass wir auch andern gut raten können, selbstlos und doch engagiert, mit Respekt und Verantwortungsgefühl, vor allem: interessiert, feinfühlig und mit grosser Liebe.

Gott gibt mir die Gabe der Erkenntnis. Ich kann orten und situieren, ich sehe die Probleme und Sorgen, ich bin damit nicht allein und sehe einen guten und gangbaren Weg für mich, meine Familie, unsere Gesellschaft, auch unsere kirchliche Gemeinschaft.

Und dazu gehört sicher auch die Einsicht in meine Grenzen und das Akzeptieren der Grenzen meiner engeren und weiteren Umgebung: dass ich vergeben kann und bereit bin zur Versöhnung.

Ich bin kein Schilfrohr im Wind, bei den einen so und dann wieder anders. Mein Ja ist ein Ja und mein Nein ist ein Nein. Gott schenkt mir die Gabe der Stärke, der Festigkeit und der Treue. Gott gibt mir Mut und Zivilcourage. Ich wage auch gegen den Strom zu schwimmen, zu meinen Überzeugungen zu stehen und persönliche Nachteile in Kauf zu nehmen.

Die Gabe der Frömmigkeit. Vielen tönt das vielleicht zu fromm: Gemeint ist die Echtheit: Gott will keine scheinheiligen Heuchler, keine blosse Fassadenpflege und kein Vortäuschen falscher Tatsachen. Wir dürfen zu unsern Unsicherheiten stehen und zu den offenen Fragen in unserem Leben!

Gemeint ist aber auch die Dankbarkeit: Danke wieder einmal echt und innig für alles, was dir immer wieder geschenkt wird!

Gott schenkt uns die Gabe der richtigen Gottesfurcht. Vor unserem christlichen Gott der Liebe brauchen wir keine Angst zu haben. Unser Gott der Liebe und der Freiheit will keine Duckmäuser und kleinen Würstchen.

Gott möchte aufrechte und senkrechte Menschen, die wissen, dass sie ihre Beziehungen und ihre unwiederholbare und eigenständige Persönlichkeit entfalten dürfen, voller Freude und voller Liebe, voller Respekt und Verantwortungsgefühl.

Pfingsten bringt keine einseitige Welt der Superlative! In den sieben Gaben des Heiligen Geistes steckt viel Dynamit, für uns persönlich, für unsere Beziehungsfelder, aber auch für unsere Kirche und Gesellschaft. Diese Gaben sind gewaltige Aufgaben. Dabei ist es sehr tröstlich zu wissen und zu spüren, dass der eigentliche «Dynamo» immer Gott selber ist. Unser Gott der Liebe will unsere Herzen erfassen, unsere Personmitte.

Pfingsten ist das Fest der Begeisterung in der Fülle der Gaben Gottes. Jetzt sind wir dran: In unseren christlich geprägten Gemeinschaften sollen die Menschen etwas spüren und erfahren dürfen vom Geist der Wahrheit und der Liebe, vom Geist der Freude und eines umfassenden Friedens für alle Menschen.

Schnecken

Nach einer jahrhundertealten Tradition werden die Vertreter der kirchlichen und staatlichen Gremien in den Schweizer Kapuzinerklöstern während der Fasnachtszeit zu einem Festessen eingeladen. Zusammen mit den Wohltätern geniessen sie das so genannte Schneckenessen.

Vor gut dreissig Jahren musste ich als junger Novize im Kapuzinerkloster Freiburg erstmals bei einem solchen «Herrenessen» die Schnecken servieren. Unser lieber Küchenbruder hatte die weichen Tierchen nach einem sorgfältig überlieferten Geheimrezept des Ordens mit Schneckenbutter in einer Kräutersosse vorbereitet, der er allerdings ein bisschen zu viel Hitze zuführte.

Als ich dem Freiburger Staatskanzler die brodelnden Weinbergschnecken auftragen wollte, explodierte plötzlich eines der Schneckenhäuschen. Ich konnte den Kopf gerade noch rechtzeitig abdrehen, und so flog die siedend heisse Schnecke schnurgerade in meine rechte Ohrmuschel, wo sie höllisch brannte. Begleitet von einem schadenfrohen Gelächter rannte der arme Novize in die Klosterküche und hielt das flammende Ohr unter den kühlen Wasserstrahl.

Dieser Schnecken-Schrecken veranlasste mich, über die Schnecke als fasnächtliche Gaumenfreude und als Wappentier der Fastenzeit ein wenig nachzudenken.

Im Garten des Kapuziner-Klosters von Delsberg kann man die alten Stellriemen für die hauseigene Schneckenzucht noch heute besichtigen. Jedes Kloster hatte seinen eigenen Schneckengarten. Die Schnecken wurden in ihre Gehege getragen und mit Salatblättern bis zur Fastenzeit durchgefüttert.

Im Vorratsraum der Küche stand der Kessel mit den Häuschen für das nächste Schneckenessen. Oft sammelten Schulkinder Schnecken für das Kloster und verkauften sie an der Pforte. In einem unserer Klöster lag der Schneckengarten direkt hinter der Klostermauer. Die kleinen Schlingel hievten von aussen eine Bohnenstange darüber, liessen die Schnecken hochklettern und boten sie an der Klosterpforte erneut zum Kauf an.

Früher waren die Schnecken das «Fleisch der Armen». Als es noch nicht verboten war, konnte jedermann und jede Frau Schnecken sammeln und daraus ein feines Essen zubereiten.

Dann wurden die Weinbergschnecken geschützt und zu einer exquisiten Delikatesse der Haute Cuisine. Sie mussten zumeist aus Frankreich in teuren Dosen eingekauft werden und passten nicht mehr so recht zur Armutsgesinnung des franziskanischen Kapuzinerordens.

Der heilige Franziskus, der alle Tiere ohne Ausnahme sehr gerne hatte, auch die nervösen Wespen und die gackernden Hühner, die Esel, Affen, Kamele, Stinktiere und Hornochsen, der heilige Franziskus hat auch die unterschiedlichsten Schneckenarten sehr geliebt.

Wunderbare kleine Geschichten ranken sich wie bunte Blümlein um das Leben dieses berühmten Heiligen. Diese frommen Legenden erzählen, wie Franziskus einmal nach langem Beten Hunderte von Schnecken um sich gesammelt hatte, und wie er dieser grossen Schneckenversammlung in Assisi am Monte Subasio, ähnlich wie einst den Vögeln, eine Predigt hielt:

«Glücklich seid ihr, meine lieben Schwestern Schnecken, dass ihr überall zuhause sein könnt. Auf dem Land und in der Stadt, in der Stille des Waldes und im Lärm des Marktplatzes - immer könnt ihr euch zurückziehen und zur Besinnung kommen.

Kümmert euch nicht um den Spott der Menschen. Gott hat euch geschaffen, wie ihr seid: langsam und bedächtig. Überlasst das Eilen und Hasten den andern!

An eines aber müsst ihr denken: Braucht eure Fühler. Bleibt nicht nur bei euch im Haus, seid auch in der Welt! Tastet euch vor zu allen Fragen, hört jeden Schrei, seht alle Not! Denn deshalb seid ihr überall zuhause, um überall Schwestern aller Geschöpfe zu sein. Loben wir Gott, dass er euch so und nicht anders geschaffen hat!» (Anton Rotzetter)

Jetzt, mitten in der Fastenzeit, fordert uns die Schnecke leise und bestimmt auf, unseren Lebensstil neu zu überdenken, unsere Lebensrhythmen, unsere körperliche und seelische Balance, unsere oft so gedankenlosen Konsumgewohnheiten, unsern hemmungslosen Verbrauch, alle unsere vielen Selbstverständlichkeiten. Leise mahnt uns das Schnecklein zu einer Phase des Verzichtes, zu einem einfacheren, natürlichen und bewussten Lebensstil.

Die Schnecke kann uns auch als Sinnbild dienen für das zärtliche Fühlerausstrecken, für den sensiblen Umgang mit eigenen und fremden Verletzungen und dem Willen zum Heilen und Gesunden, als Sinnbild für das behutsame Suchen der persönlichen und gemeinsamen Wegrichtung, für das feinfühlige Weitergehen, auch in neue Richtungen, sachte und überlegt!

Die Schnecke ermahnt uns zum Weg nach innen, zu Zeiten des Rückzugs: ganz für sich sein, ruhen, schweigen, zu sich selber kommen, seine Mitte finden, sich selber auf den Grund gehen. Die Schnecke ist gerne geborgen in ihrem Häuschen, dort fühlt sie sich wohl, dort ist sie geschützt, dort hat sie ihre Ruhe.

Mit ihrem Häuschen ist die Schnecke überall daheim, sie ist genügsam und mit wenigem zufrieden. Die Schnecke mahnt uns Menschen, immer Zeit zu haben: für uns selber, für andere, für Gott!

Streckt die Schnecke vorsichtig ihre Fühler aus und merkt oder meint zu merken, dass die Bedingungen um sie herum ungünstig sind, zieht sie sich schleunigst wieder in ihr Häuschen zurück: Angst vor den Leuten, Unsicherheit in neuen Situationen: Man kapselt sich ab und wird zum leutescheuen Stubenhocker. Wir zeigen unsere innersten Gefühle und Gedanken nicht gerne, wir werden schnell vorsichtig und übervorsichtig.

Wenn wir zu jemandem sagen, er oder sie sei eine Schnecke, dann ist dies ja nicht gerade ein Kompliment. Und wer andere ständig zur Schnecke macht, braucht sich auch nicht zu wundern, wenn es zwischenmenschlich nur im Schneckentempo oder gar nicht mehr vorwärts geht.

Wehe, wenn wir merken, dass uns jemand schlecht will und uns ins Häuschen zurücktreibt. Wir spielen dann wegen jedem «Dreckbitzili» die beleidigte Leberwurst, wir werden mimosenhaft. So schnell zeigen wir unsere Fühler nicht mehr! Solche Schnecken bemitleiden sich selber und kommen keinen Zentimeter weiter. Die Gefahr des persönlichen Verkümmerns und zwischenmenschlichen Verhungerns wird gross.

In der Schweiz ist der «Hans im Schnäggeloch» gut vertreten. Aber in der heutigen komplizierten Welt haben wir doch längst gemerkt, dass wir allein nicht glücklich sein können. Wenn es allen rundherum dreckig geht, kann sich auch die Schweizer Schnecke nicht einfach in ihr Häuschen verkriechen! Der Blick für das Ganze und soziales Verantwortungsgefühl sind gefragt. Wenn die Schnecke nicht verhungern will und gesunden, grünen Salat fressen möchte, muss sie etwas dafür tun, ihr geliebtes Häuschen verlassen und sich engagieren.

Auch wir können uns nicht einfach in unser Häuschen verkriechen. Die Schnecke ermuntert uns zu einem Weg nach aussen: heraustreten und ins Freie kommen, sich Neuem öffnen: Da bin ich wieder!

Die Schnecke als Wappentier der Fastenzeit lädt uns ein, die persönliche und gemeinsame Lebensorientierung zu überprüfen: nicht überall schleimen und jedem auf den Leim kriechen!

Die Schnecke macht uns schnell bewusst, dass zuviel drinnen genauso wie zuviel draussen schädlich ist. Wie steht's bei mir mit diesem Rhythmus, mit dem guten Gleichgewicht zwischen innen und aussen, mit den Tiefendimensionen meines Lebens? Verweile ich bei mir selber, habe ich Zeit für Beziehungen, bin ich frei für Gott? Kenne ich Wanderungen in den Landschaften der Natur und meiner Seele, habe ich Zeit für Gespräche und Weiterbildung, ohne Ablenkungen und ständige Geräuschkulissen?

Feuchtigkeit und Wasser sind unser Lebenselixier, gut für uns, gut für die Schnecken: gute Wasser des Lebens! Dies wird uns besonders in heissen Ländern und in der Wüste bewusst. Erinnern wir uns an eine bittere Erfahrung des Volkes Israel, beschrieben im Buch Exodus:

Darauf liess Mose die Israeliten vom Schilfmeer aufbrechen. Sie zogen hinaus in die Wüste Schur. Drei Tage wanderten sie durch die Wüste und fanden kein Wasser.

Da kamen sie nach Mara, aber sie konnten das Wasser von Mara nicht trinken, denn es war bitter. Darum heisst der Ort Mara - Bitterwasser.

Das Volk murrte gegen Mose und sagte: «Was sollen wir trinken?» Mose aber rief zu Jahwe und Jahwe zeigte ihm ein Holz. Als er es ins Wasser warf, wurde das Wasser süss. (Ex 15,22-25)

Welche Wasser und Wässerchen trinke ich täglich, in welchen mehr oder weniger klaren Wassern gehe ich fischen, mit welchen Wassern bin ich gewaschen? Oft spüren wir ganz verschiedenartige Tierchen in uns. Deswegen sind wir noch keine Monster!

Gott setzt auf das Gute in uns und in jedem Lebewesen, in jedem Stockfisch und in jedem Ohrengrüber, in jedem Hühnervogel, in jedem Turteltäubchen und in jedem Glücksäuli, aber auch in jedem Lama und in jeder noch so lahmen Ente, auch in jeder Schnecke!

Die Schnecke als geistliche Delikatesse, als Fleisch und Brot der Armen, die kleine Schnecke erinnert uns an das ursprüngliche, gute, göttliche Lebenswasser.

Zu der Frau am Jakobsbrunnen bei Sychar in Samárien sagte Jesus im Johannesevangelium:

«Wenn du die Gabe Gottes kenntest und wenn du wüsstest, wer da zu dir sagt: Gib mir zu trinken, dann hättest du *ihn* gebeten, und er hätte dir lebendiges Wasser gegeben.

Wer vom Wasser aus diesem Brunnen trinkt, wird wieder Durst bekommen. Wer aber vom Wasser trinkt, das *ich* ihm geben werde, wird in Ewigkeit nicht mehr Durst haben. Mein Wasser wird in ihm zu einer Wasserquelle werden, die ins ewige Leben sprudelt.» *(Joh 4,10.13-14)*

Die kleine, Wasser liebende Schnecke ermahnt uns jetzt in der Fastenzeit zu einer Phase des Verzichtes, zu einem einfachen, natürlichen Leben.

Der körperlichen und seelischen Balance schadet beides: zuviel drinnen und zuviel draussen. «De Hans im Schnäggeloch» ist auch zur sozialen Verantwortung aufgerufen, zu direkter und weltumspannender Solidarität!

Kana vorwärts!

Am Anfang des neuen biblischen Lesejahres berichtet das Johannesevangelium vom ersten Wunderzeichen Jesu zum Beginn seines öffentlichen Auftretens:

Am dritten Tag war eine Hochzeit in Kana in Galiläa, und die Mutter Jesu war dort. Auch Jesus und seine Jünger waren zur Hochzeit eingeladen.

Als der Wein ausging, sagte die Mutter Jesu zu ihm: «Sie haben keinen Wein mehr!»

Jesus sagte zu ihr: «Was hat das mit mir und mit dir zu tun, Frau? Meine Stunde ist noch nicht da.»

Seine Mutter aber sagte zu den Dienern: «Was immer er euch sagt, das tut!»

Entsprechend den Reinigungsvorschriften der Juden standen dort sechs steinerne Wasserkrüge, von denen jeder etwa hundert Liter fasste.

Jesus sagte zu den Dienern: «Füllt die Krüge mit Wasser!» Und sie füllten sie bis oben.

Und er sagte zu ihnen: «Schöpft jetzt und bringt davon dem Speisemeister!» Und sie brachten es ihm.

Als aber der Speisemeister das Wasser kostete, das zu Wein geworden war, und nicht wusste, woher es kam - die Diener aber, die das Wasser geschöpft hatten, wussten es - da rief der Speisemeister den Bräutigam und sagte zu ihm: «Jedermann setzt zuerst den guten Wein vor, und wenn die Gäste betrunken sind, den schlechteren. Du aber hast den guten Wein bis jetzt zurückbehalten!»

Das tat Jesus als Anfang der Zeichen in Kana in Galiläa, und er offenbarte seine Herrlichkeit, und seine Jünger glaubten an ihn. (2,1-11)

Die Geschichte vom Weinwunder auf der Hochzeit von Kana ist eine besonders bekannte und auf den ersten Blick auch eine sehr sympathische Geschichte aus dem Neuen Testament. Aber eigentlich berichtet sie von einem menschlichen Missgeschick, von einer peinlichen und ärgerlichen Panne bei einem grossen Hochzeitsfest!

Viele von uns kennen diese Wundergeschichte aus dem kleinen galiläischen Dörfchen Kana schon «henderzi ond vörsi» - «vorwärts und rückwärts»! Ein heller

Kopf aus unserem Kapuzinerorden hat gemerkt, dass man diese Geschichte tatsächlich «vorwärts und rückwärts» buchstabieren kann. Eine fröhliche Geschichte, die - rückwärts gelesen! - eine bittere und traurige Geschichte ist, wenn statt Wasser zu Wein, der Wein zu Wasser wird!

Wir sitzen an einem gemütlichen Fest, der Wein fliesst, die Stimmung ist ausgezeichnet, die Unterhaltung läuft bestens, es wird gelacht und getanzt.

Und da tritt plötzlich jemand in die Runde mit einer miesen Laune, einer, der mit einem bösen, giftigen Wort die ganze Stimmung zerstört, der sozusagen Essig in den Wein giesst. Die Festtagsfreude ist verflogen. Der Alltag ist wieder da!

Etwas ganz Ähnliches erzählt ein Märchen aus China:

Ein armes Brautpaar bat die vielen Gäste, den teuren Wein zu ihrer Hochzeit selber mitzubringen. Die Tische waren einfach, aber festlich gedeckt, die Musik spielte. Die Gäste kamen langsam herbei und gossen den mitgebrachten Wein in die grossen Steinkrüge, die beim Saaleingang aufgestellt waren. Alle freuten sich auf den süssen Hochzeitswein!

Plötzlich beginnt die Braut zu weinen und der Bräutigam sitzt wie gelähmt da. Es wird totenstill im Saal. Verlegen starren die Gäste in ihre Becher und sehen darin ... nichts als pures Wasser!

Jede und jeder hatte insgeheim bei sich gedacht: «Wenn *ich* ein bisschen Wasser in die grossen Weinkrüge giesse, wird das nicht auffallen!» Nur hatten dann alle so gehandelt. Die Stimmung war im Eimer, das Fest war vorbei!

Kennen wir das nicht auch bei uns selber? Oft schenken auch wir unsern Mitmenschen fades Wasser ein, anstelle des gewünschten guten Weines! Auf diese Weise buchstabieren wir «Kana rückwärts», aus Wasser wird wässriger Wein. Ausserdem: Wein zu Wasser machen, das kann jedermann und jedefrau!

«Kana vorwärts» hingegen hiesse, Freude zu bringen für das grosse Lebensfest der Liebe:

ein Fest, das den gewöhnlichen Alltag verwandelt und die sauren Werktagsmienen vertreibt,

ein Fest, das hilft, treu zueinander zu stehen und auch schwere Stunden gemeinsam durchzustehen!

Gute Christinnen und Christen buchstabieren, lesen und leben Kana vorwärts, sie verwandeln Wasser in bekömmlichen Wein und bringen einander Lebensfreude!

Es gibt so fröhliche Menschen: Sie können die mieseste Stimmung vertreiben. In ihrer Gegenwart ist es uns wohl. Wir werden heiter und fühlen uns unbeschwert. Die Arbeit läuft wieder wie geschmiert, das Essen schmeckt doppelt so gut. Man weiss nicht so recht, wie das passiert, es ist wie ein Wunder!

Auf der Hochzeit zu Kana ist Jesus ein solcher Gast. Er rettet das Fest und macht es erst eigentlich zu einem Hochfest mit dem süffigen, feurigen Wein der Freude.

Zunächst aber ist Jesus ganz unauffällig da. Dann plötzlich wird der Gast selber zum Gastgeber und zum Mittelpunkt, der das abgestandene Wasser unseres menschlichen und oft allzumenschlichen Alltags in den guten Festwein der Freude verwandelt!

Wie Jesus können wir alle versuchen, das Weinwunder von Kana zu wirken, damit es mit unserem Christsein vorwärts geht, damit es greifbar und spürbar wird, damit es uns selber und unsere Mitmenschen beflügelt und belebt!

Kana vorwärts leben? Das ist schneller gesagt als getan! Wein hat gute, positive Wirkungen und heilende Kraft, Wein kann aber auch erdrückende negative Auswirkungen haben!

Die meisten von uns kennen Menschen, die ihr äusseres Elend und ihre innere Not im Alkoholrausch ertränken, Mitmenschen, die durch übermässigen Alkoholgenuss die Selbstkontrolle verlieren und damit auch ihre Würde und die Achtung vor sich selber!

Kana vorwärts leben bedeutet im Umgang mit dem Alkohol ganz sicher: Verantwortungsbewusstsein für sich persönlich, aber auch im Bezug auf die Mitmenschen: Mass halten mit den Gaben Gottes!

Nur so erfahren wir auch die guten Gefühle und Vorstellungen, die sich bereits im Alten Bund um die Reben und den Wein ranken: «Der Wein erfreut des Menschen Herz!» heisst es etwa in einem Psalmvers *(104,15)*. Wein beflügelt die Menschen, er bringt Frohsinn und Lebensfreude.

Die gläubigen Menschen der Bibel danken Gott für die Segens- und Heilkraft des Weines. Auch Jesus dankt seinem Vater beim Letzten Abendmahl mit einem Weinbecher, der Frucht des Weinstocks und der menschlichen Arbeit.

Daran denken wir Christinnen und Christen bei der Feier des Neuen Bundes: Wir danken Gott für seine Güte, die er uns in seinem Sohn Jesus Christus gezeigt hat.

Der Wein des Dankes wird für uns so zum Becher der Hochzeitsfreude. Christus, der Bräutigam, ist da. Er bietet uns die Freundschaft Gottes an.

Wir alle sind zur Hochzeit geladen, so wie im Zweizeiler, den wir auf einem alten Gemälde in der beliebten Hochzeitskapelle von Kehrsiten am Vierwaldstättersee lesen können:

«Wenn du wilt Hochzeit halten, lad Christum zu dir ein, der macht zu seiner Stunde, aus Wasser guten Wein!»

Wir hoffen und vertrauen fest auf das Wirken Gottes in unserem Leben. Und dies gibt uns den Mut, Kana immer wieder neu vorwärts zu buchstabieren und zu lesen, Kana zu leben und Gutes zu wirken.

«Kana retour» kennen wir zur Genüge:

wenn wir im Leerlauf an Ort treten und nur noch um uns selber kreisen, eingezwängt in die ewig gleichen Grenzen und Schattenseiten unseres Charakters, gelähmt durch verknorzte Beziehungen, mutlos über kirchliche und gesellschaftliche Einengungen und Entwicklungen, machtlos angesichts der vielgestaltigen Not im Kleinen wie im Grossen.

«Kana vorwärts» kann heissen:

Die Multikultur in unserem Land als eine bereichernde Chance und befruchtende Herausforderung annehmen,

eine frohe, geschwisterliche Atmosphäre des liebevollen Wohlwollens schaffen, in aufrichtigem Respekt und wachem gegenseitigem Interesse,

im direkten Umfeld und bei den weltweiten Bestrebungen für Frieden, Gerechtigkeit und Bewahrung der Schöpfung engagiert eintreten und auftreten.

Herzen und Hände öffnen angesichts sozialer und psychischer Nöte, angesichts von Armut, Hunger und Krieg.

Unser Glaube fordert uns heraus: zu neuem Wein in neuen Schläuchen *(Mk 2,22)*, zu neuem Mut und neuer Phantasie, zu neuen Initiativen und zu umfassender Verantwortung.

In den vielen kleinen und grossen Weinpannen unseres Alltags, in den häufigen zwischenmenschlichen und manchmal allzu menschlichen Misstönen und Verlegenheiten dürfen wir voll darauf vertrauen, dass Gott selber mit uns «Kana vorwärts» wirken und leben will.

Im biblischen Bericht lesen wir: «In Kana offenbarte Jesus seine Herrlichkeit, und seine Jünger kamen zum Glauben an ihn.» *(Joh 2,11)* Seine Mutter Maria ruft auch uns Heutigen zu: «Was er euch sagt, das tut!» *(Joh 2,5)*

Mit Jesus Christus wird uns der Wein nicht ausgehen! Und wir wollen beim grossartigen Hochzeitsmahl der Liebe Gottes keine Spielverderber sein, keine Verwässerer und keine Essiggiesser!

Für die Bibel sind Weinberg und Hochzeit zwei starke Bilder der messianischen Zeit des Friedens und der ewigen Freude. Sie geben unseren hohen Zeiten die Tiefe und sie schenken uns in schwierigen Momenten Kraft und Mut.

Der Wein von Kana ist ein Wunder aus Sonne und Erde, der göttliche Wein der Liebe ist der Pulsschlag unserer Herzen. Darum gelte die Devise: «Kana vorwärts!» Prosit und Amen.

Der barmherzige Samariter

«Kleider machen Leute!» Dieser Spruch hat bis heute seine Gültigkeit nicht verloren. Viele junge und ältere Leute investieren enorm viel Geld in ein modisches Outfit. Dabei spielt heute der Event eine wichtige Rolle bei Design und Kleiderwahl. In früheren Jahrzehnten unterschied man hingegen sorgfältig zwischen Sonntagsgewändern und Werktagskleidern.

Bis heute haben Kaminfeger schwarze und Maler weisse Arbeitskleider, ebenso wie das medizinische Personal. Mechaniker haben meist blaue Überkleider und Gärtnerinnen und Gärtner meistens grüne Schürzen. Bis heute tragen Militärs und die Mitglieder der Polizei, der Feuerwehr und der Rettungsdienste Uniformen, ebenso die Musikkorps, die Trachtengruppen und Studentenverbindungen.

In früheren Jahrzehnten und bevor die universale Jeans-Mode aufkam, konnte man den Stand und den Beruf der Leute aufgrund der Kleider sofort einordnen, man wusste, ob jemand zum Bauern- oder Handwerkerstand gehörte, ob man einen Lehrer oder einen Beamten vor sich hatte, einen Arzt oder einen Pfarrer.

So war dies schon in der Antike. In der plakativen Beispielerzählung Jesu vom «Barmherzigen Samariter» geht es auch um Rang und Stand. Da wandern zwei Mitglieder der Tempelaristokratie von der heiligen Bergstadt Jerusalem 27 km hinab in die Oasenstadt von Jericho.

Ein Gesetzeslehrer fragte Jesus: «Wer ist mein Nächster?» Jesus gab ihm zur Antwort:

«Ein Mann ging von Jerusalem nach Jericho hinab und fiel unter die Räuber. Die plünderten ihn aus, schlugen ihn nieder, machten sich davon und liessen ihn halbtot liegen.

Zufällig kam ein Priester denselben Weg herab, sah ihn und ging vorüber. Auch ein Levit, der an die Stelle kam, sah ihn und ging vorüber.

Ein Samariter aber, der des Weges zog, kam vorbei, sah ihn und fühlte Mitleid. Er ging zu ihm hin, goss Öl und Wein auf seine Wunden und verband sie. Dann hob er ihn auf sein Reittier, brachte ihn in eine Herberge und sorgte für ihn.

Am nächsten Morgen zog er zwei Denare hervor, gab sie dem Wirt und sagte: Sorge für ihn! Und was du darüber hinaus aufwendest, will ich dir erstatten, wenn ich wieder vorbeikomme.

Welcher von diesen dreien, meinst du, ist dem, der unter die Räuber fiel, der Nächste geworden?»

Jener antwortete: «Derjenige, welcher ihm Barmherzigkeit erwiesen hat.» Da sagte Jesus zu ihm: «Geh auch du und handle ebenso.» (Lk 10,29-37)

Auch ausserhalb der Tempelliturgie erkannte man in den beiden ersten Wanderern aufgrund ihrer Gewänder sofort einen Priester und einen Leviten, geachtete Leute, rechtgläubige Mitglieder der konservativen Jerusalemer Oberschicht.

Ihnen passiert unterwegs, was allen von uns heute jederzeit auch passieren könnte. Wir sind in einem öffentlichen Gebäude, oder unterwegs in einem Tram, einem Bus oder mit der Eisenbahn.

Und da wird jemand angepöbelt, da wird plötzlich jemand vor unseren Augen bedroht, brutal niedergeschlagen und ausgeraubt. Wir wissen aus schrecklichen jüngsten Vorfällen, wie Passanten und Mitreisende sich ängstlich wegducken, feige zur Seite blicken und die Überfallenen einfach ihrem Schicksal überlassen.

Ehrlich gesagt, ich bin nicht so ganz sicher, ob ich bei einem solchen Überfall zu den Beherzten und Mutigen gehören würde.

Das Lukas-Evangelium beschreibt das Verhalten der beiden Mitglieder der Jerusalemer Theokratie mit dem griechischen Verb ἀντιπαρελθεῖν «antipareltheín», wortwörtlich übersetzt: «auf der gegenüberliegenden Strassenseite vorbeigehen». Die beiden vornehm gekleideten Herren werfen einen knappen Blick auf das ausgeraubte, nackte und halbtot zusammengeschlagene Opfer, dann eilen sie stumm weiter, ohne einen Finger zu rühren.

Aber: Sind wir wirklich so ganz sicher, ob wir bei einem solch brutalen Überfall zu den Tapferen gehören würden? Die Räuber könnten ja noch in der Nähe sein!

Nun kommt ausgerechnet ein Samariter daher. Über die Samariter rümpften die orthodoxen, strenggläubigen Juden von Jerusalem ihre Nasen, sie hassten sie geradezu und beschimpften sie als elende Sektenbrüder.

Vor den Augen und in den Ohren seiner jüdischen Zuhörer macht Jesus ausgerechnet einen Mann aus dieser verfemten Glaubensgemeinschaft zum vorbildlichen Nächsten und zum «Barmherzigen Samariter».

Der Mann aus Samaría sieht den Ausgeplünderten daliegen, halbtot und aller Kleider beraubt. Ohne lange nach seiner gesellschaftlichen Position und nach dem finanziellen Hintergrund zu fragen, geht der Samariter geradewegs auf den Überfallenen zu, versorgt seine Wunden und bringt ihn auf seinem eigenen Lasttier in die nächste Herberge.

Der Samariter ist der einzige, der in dieser berührenden Geschichte spricht. Seine grosszügige Barmherzigkeit überträgt er auch auf den Herbergswirt, wenn er zu diesem sagt: *«Sorge dich um den Verwundeten, und was du noch weiter für ihn aufwendest, werde ich dir erstatten, wenn ich zurückkomme.» (10,35)*

Ganz gezielt hat Jesus mit seinem «Barmherzigen Samariter» auch die damalige und heutige Wirtschaft revolutioniert und ein neues Denken gelehrt! Zwei Jahrtausende oft stiller karitativer Tätgkeit des Christentums hätten ohne Jesus und seinen «Barmherzigen Samariter» nicht stattgefunden.

«Der barmherzigen Samariter» ist eine der schönsten Jesusgeschichten, der «Barmherzige Samariter» ist uns seit Kindsbeinen vertraut. Etwas weniger vertraut ist uns der Einleitungsdialog zu dieser Geschichte. Ein Gesetzeslehrer fordert Jesus heraus:

«Meister, was muss ich tun, um das ewige Leben zu erlangen?» Und dann gibt er sich auf Geheiss Jesu mit dem Alten Testament gleich selbst die Antwort: *«Du sollst den Herrn, deinen Gott lieben, mit deinem ganzen Herzen und mit deiner ganzen Seele, mit deiner ganzen Kraft und mit deinem ganzen Denken, und deinen Nächsten wie dich selbst.» (Dtn 6,5; Lev 19,18)*

«Wer ist mein Nächster?» In der Antwort des jüdischen Gesetzeslehrers kommt die typische, traditionelle Theologie zum Ausdruck: Zuerst und vor allem kommt die Gottesliebe, und dann als Zweites die Nächstenliebe. Und diese Nächstenliebe hat ihre klaren Grenzen, sie ist national eingegrenzt: Lieben musst du in erster Linie deine eigenen Volksgenossen!

Mit seiner prophetischen Rückbindung an den ursprünglichen Willen Gottes bringt Jesus jetzt einen radikalen Perspektivenwechsel. Jesus ruft uns Christinnen und Christen zu:

«Seid barmherzig, wie euer Vater barmherzig ist!» (Lk 6,36) «Wenn ihr nur die liebt, die euch lieben, welchen Dank habt ihr da? Denn auch die Sünder lieben die, von denen sie geliebt werden. Wenn ihr nur denen Gutes tut, die euch Gutes tun, welchen Dank habt ihr da?» (Lk 6,32-34)

Wir spüren: Hier passiert die zentrale theologische Revolution: Nicht mehr erstens Gottesliebe und zweitens Nächstenliebe und diese erst noch klar beschränkt auf die eigenen Volksgenossen. Nicht mehr: dort weit oben am Sabbat der heilige Tempel oder für uns am Sonntag der sauber abgegrenzte Kirchenbezirk, und dann hier weit unten der Alltag, mit seinen eigenen Gesetzmässigkeiten.

Für Jesus gilt: Gottesliebe verwirklicht sich in der Nächstenliebe, Nächstenliebe und Gottesliebe gehen in eins. Im Nächsten begegne ich Gott, und Gott begegnet mir im Nächsten. Jeder Nächste wird zum göttlichen Du. Die Nächsten sind alle Mitmenschen insgesamt, ganz besonders jene, die mich jetzt brauchen, denn: Wer wird dem Zusammengeschlagenen zum Nächsten? Jener, der ganz direkt auf den Mitmenschen zugeht, der ihn jetzt braucht!

Seit dem heiligen Bischof Irenäus von Lyon im zweiten Jahrhundert sieht die Theologie der Kirchenväter im «Barmherzigen Samariter» Jesus selber am Werk. In den Buchmalereien des Codex Purpúreus Rossanénsis des sechsten Jahrhunderts wird der «Barmherzige Samariter» gleich als Christus dargestellt.

Die Geschichte vom «Barmherzigen Samariter» ist topaktuell für unsere globalisierte Gesellschaft und Welt. Jesus-Jüngerinnen und -Jünger kümmern sich nicht einfach nur um ihre eigenen Leute mit dem gleichen Stallgeruch.

Ganz schön sagt es der griechische Begriff πανδοχεῖον «Pandocheíon» für «Herberge» am Schluss der Geschichte vom «Barmherzigen Samariter» im Lukasevangelium. «Pandocheíon» heisst wörtlich übersetzt: «All-Aufnahme».

Im «Pandocheíon», in der All-Aufnahme finden wirklich alle eine Aufnahme, unabhängig von ihrer Hautfarbe und ihrer Herkunft, unabhängig von ihrem Status und ihrer Einstellung.

«Kleider machen Leute!» So tönt es immer wieder! Das Outfit markiere gesellschaftliche Positionen, Modebewusstsein und Reichtum. Aber Kleider machen noch lange keine guten Mitmenschen!

Für Jesus zählt die innere Haltung und die stete Bereitschaft, auf jene Menschen zuzugehen, die uns jetzt gerade brauchen: als barmherzige und grosszügige Samariterinnen und Samariter. Amen.

Maria und Marta

Heute feiern wir in der Schweiz den Eidgenössischen Dank-, Buss- und Bettag. Ich lade Sie ein zu einem gemeinsamen franziskanischen Besinnungshalt. Franz von Assisi war ein grosser Freund der Stille und der Einsamkeit. In Mittelitalien erinnern viele urfranziskanische Einsiedeleien an Rückzugszeiten des grossen Heiligen weit vor der Reformation.

Fünf Kilometer von seiner Heimatstadt Assisi entfernt, liegt am Monte Subasio, das kleine Eremitorium von Carceri. Das lateinische Wort «Carcer», «Kerker», erinnert an die frühchristlichen Reklusen, die sich einmauern liessen, um ihr ganzes Leben in völliger Abgeschiedenheit zu verbringen.

Sehr oft ist San Francesco hier in die Höhe gewandert, auf der Suche nach seinem eigenen Weg und nach dem Weg für seine Gemeinschaft, auf der Suche nach Gott!

Beim Eingang der Carceri empfängt uns das lateinische Wort: «ubi Deus, ibi Pax!» - «Wo Gott ist, da ist Frieden!» Diesen tiefen Frieden atmen wir schon im Hof des malerischen Klösterchens, das im 15. Jahrhundert über dem winzigen Kirchlein und über dem Gebets- und Schlafplatz des heiligen Franziskus errichtet worden ist. Überall gurren schneeweisse Tauben, wir hören das Summen tausender Insekten und das leise Rauschen der uralten Steineichen.

Wir können vielleicht verstehen, dass Franziskus eine riesige Sehnsucht verspürte, sich ganz zurückzuziehen und hier oben zu bleiben, um in Gebet und Meditation zu versinken. Stundenlang, ja tagelang ging der Mystiker weg von den Gefährten und zog sich in die Stille zurück.

Es kam die Zeit, da Franziskus für immer als Einsiedler leben wollte. Seine engsten Vertrauten, Bruder Silvester, Schwester Klara und ihre Gefährtinnen, mussten Gott im Gebet befragen, ob er das Wanderpredigen aufgeben dürfe. Sie liessen ihm ausrichten, dass der Herr ihn nicht nur um seiner selbst willen berufen habe, sondern zum Aufbau des Reiches Gottes unter den Menschen. *(Vgl. Fioretto 16!)*

Seit frühester Jugend kannte Franziskus den alten Orden des heiligen Romuald. Die Kamaldulenser haben für ihre Gemeinschaften jeweils ein Stadtkloster gebaut und dazu weit oben in den Bergen einen Ort des Rückzugs in der Einsamkeit.

Die Mönche leben abwechslungsweise eine gewisse Zeit im Eremitorium und kehren dann wieder ins Stadtkloster zurück, mitten unter die Leute. Diese faszinierende «vita mixta», dieses «Mischleben», hält die Balance zwischen Aktion und Meditation, zwischen praktischer Tätigkeit und stiller Besinnung.

Auch das franziskanische Leben kennt nun diese Mischform von Aktion und Kontemplation. Für seine Brüder in den Eremitorien hat Franziskus eine eigene kurze Regel verfasst. Sie zeigt, dass auch in einer kleinen Einsiedlergruppe Wechsel und Rhythmus wichtig sind.

Nur drei bis vier Brüder sollen in diesen einsamen und klar abgegrenzten Waldgebieten leben. Zwei von ihnen sollen die Rolle der versorgenden Mütter übernehmen, die einen bis zwei Söhne haben. Zwei besorgen demnach die Aussenkontakte und sichern den Unterhalt, zwei sind ganz im Rückzug und werden für Ruhe, Schweigen und Gebet vollständig abgeschirmt. Nach einer bestimmten Zeit sollen die Brüder ihre Rollen tauschen. *(Vgl. RegEins 1-2.7-10!)*

Es ist interessant, dass Franziskus schon vor über 800 Jahren von der mütterlichen Rolle dieser Männer spricht. Er verweist dabei auf die beiden Schwestern des Jesus-Freundes Lazarus: Die Brüder sollen das Leben der Marta und der Maria von Bethanien führen, wie es im Lukasevangelium beschrieben wird:

Beim Weiterziehen kam Jesus in ein Dorf, und eine Frau namens Marta nahm ihn gastlich auf.

Sie hatte eine Schwester, die Maria hiess. Diese setzte sich dem Herrn zu Füssen und hörte ihm zu.

Marta aber war ganz mit der Bewirtung beschäftigt. Sie kam nun zu ihm und sagte: «Herr, kümmert es dich nicht, dass meine Schwester die ganze Bedienung mir allein überlässt? Sage ihr doch, sie soll mir helfen!»

Der Herr antwortete ihr: «Marta, Marta, du sorgst und mühst dich um vieles, doch nur eines ist nötig. Maria hat den guten Teil gewählt, und der wird ihr nicht genommen werden.» *(Lk 10,38-42)*

Maria von Bethanien ist in der christlichen Überlieferung die Symbolgestalt für das kontemplativ-beschauliche Christentum, ihre Schwester Marta für das karitativ-tätige Christentum.

Unsere spontanen Sympathien geniesst normalerweise die eifrige, tüchtige Marta, und wir meinen etwa: Mit lauter Marias kommt man nicht weiter. Maria sitzt einfach da und profitiert. Ohne Martas Sorge hätte Jesus im Haus seines Freundes

Lazarus weder gegessen noch getrunken. Besser als alle Theorie ist das praktische Christentum! Das Lukasevangelium bringt uns eine Lehrerzählung Jesu, und diese Beispielerzählung ist eine Fortsetzungsgeschichte! Voraus geht nämlich das Gleichnis vom Barmherzigen Samariter.

Was muss ich tun, damit mein Leben dem Willen Gottes entspricht? Mit der Geschichte vom Barmherzigen Samariter illustriert Jesus die innige Verbindung von Gottes- und Nächstenliebe. Wer von Räubern brutal zusammengeschlagen wurde, braucht sofort Hilfe und Pflege. Meine nächsten Mitmenschen sind also jene, die mich gerade jetzt brauchen!

Unser Erzählung von Maria und Marta hat eine ähnliche Aussageabsicht: *Jetzt* ist der Meister zu Gast: Was jetzt zählt, ist das stille Hören auf sein Wort! Deshalb die leise, aber unüberhörbare Mahnung des Gastes Jesus: «Marta, Marta, du machst dir viele Sorgen!» Du sausest überall herum, du kreisest sozusagen um das Zentrum herum, aber in die Mitte hinein kommst du nicht!

Und doch: Maria und Marta sind Schwestern, sie gehören zusammen, man darf sie nicht gegeneinander ausspielen. Durch die Blutsverwandtschaft sind sie miteinander zutiefst verbunden: Arbeit *und* Gebet, Aktion *und* Kontemplation!

Der heutige Besinnungstag lädt uns ein, den immer wieder vernachlässigten Lebensbereich der Kontemplation zu stärken. Die herrliche Herbststimmung in der Natur, bewusst gelebte Momente der Gelassenheit und der Stille geben uns Gelegenheit, uns wieder neu zu orten und zu orientieren: zu beten.

Vielleicht schliesse ich jetzt die Augen und spaziere in Gedanken in meine Seele hinein, vielleicht wandere ich heute mit weit offenen Augen tatsächlich auf eine Anhöhe oder auf einen Berg hinauf. Ich nehme Abstand von meinem Alltag, Distanz zu meiner Wohnung und zu den Menschen, mit denen ich immer zusammen bin, zum Alltagstrott, zu den eingeschliffenen Gewohnheiten und Kanalisierungen, ich gewinne Abstand von meinen seelischen Turbulenzen.

Einst wanderte Franziskus in die Carceri hinauf und das Städtchen Assisi rückte immer mehr in die Ferne. Beim Blick zurück werden auch für mich die Häuser kleiner, und die Landschaft wird weiter. Mit dem Anstieg bekomme ich immer mehr Überblick, einen grösseren Horizont und eine umfassendere Perspektive.

Ich sehe die Relationen wieder besser und merke, wo ich aus Mücken Elefanten gemacht habe und umgekehrt. Die Distanz von der eigenen Lebenswelt gibt mir die nötige Luft und Kraft, um wieder neu zu gewichten und einzuordnen: mich selber, meine Beziehungen, meine Verantwortung, meine Mitwelt.

Diese neue Orientierung erlaubt, meine Prioritäten richtig zu setzen, zu spüren was wichtig ist in meinem Leben und was weniger, was zuerst kommt und was nachher. Ich sehe klarer, wo ich nur im Leerlauf herumgerannt bin, kopflos, beziehungslos, nicht bei der Sache.

Jesus kann im Hause des Lazarus nur aus einem Grund zum Zentrum werden, sozusagen zum Gastgeber, der mit seinem Wort Leben spendet: Maria sitzt da und hört ihm schlicht und einfach zu! Die Schwester Marta schnappt bei ihrem Herumrennen da und dort ein geistliches Appetithäppchen auf, aber in ihrem Kopf surren tausend andere Dinge.

Marta fehlt das Loslassenkönnen, der freie Atem, die Ausdauer und das tiefere Gehör. Erst das Wort Jesu kann Leben schenken, Tiefgang und Richtung, eine sinnvolle Orientierung, eine Perspektive der Hoffnung, ein Ziel.

Maria und Marta sind Schwestern, und sie sollen als Schwestern wirken. Das heisst für mich: Mein Fühlen und Denken braucht Tiefe und Mitte, mein Fühlen und Denken braucht Herz. Ein Christ rennt nicht einfach ziellos herum, er richtet sich aus nach dem Herzen Gottes, eine Christin sitzt nicht einfach isoliert da, sie wird gehalten in Gottes Wort.

In Jesus ist uns Gottes Herz in einmaliger Weise sichtbar und spürbar geworden. In Gebet und Arbeit versuchen wir, uns am Herzen Gottes zu orientieren. Jesus würde wohl sagen: Maria *und* Marta, aber Maria immer zuerst!

Zu jeder Entspannung und Meditation gehören auch immer das langsame Zurückkommen und behutsame Aufschalten. Mit Franziskus erheben wir uns aus der Versenkung und verlassen die Einsiedelei. Beim Abstieg sehen wir unsere Engagements wieder näher kommen, mit dem Seelenfrieden im Herzen. Wir wandern die breite Strasse hinunter, dem Dorf und der Stadt entgegen, zu den Menschen, die uns brauchen.

Maria und Marta, die beiden Freundinnen Jesu, wurden für die Christenheit zu Sinnbildern des beschaulichen und des tätigen Lebens. Maria steht für das Zentrum des Christentums, Marta für eine überzeugende Wegrichtung der Christinnen und Christen.

In unserem Leben brauchen wir immer beides, gute Orientierung und grösseren Tiefgang, einen gesunden Ausgleich zwischen Gebet und Arbeit, zwischen

Aktion und Kontemplation, intensive Zeiten der Ruhe und der Stille, des Zuhörens und auch des Hineinhörens.

Vielleicht bleibt uns dies am heutigen Dank-, Buss- und Bettag: Beide Schwestern, Maria und Marta, richten sich aus auf ihren Gast und Gastgeber. Durch Marias christlichen Herzschlag und in Martas fürsorglichen Händen können die Mitmenschen Jesus Christus spüren und erfahren. Amen.

Reden und Schweigen

Eine währschafte Nidwaldnerin hat vor Jahren einmal zu mir gesagt: «Dui bisch mir meini es richtigs Redhuis!» Ein *Redhuis*? Das ist offenbar ein Haus, in dem gerne und viel geredet wird!

Leute, die eher zu den Ruhigen und Stillen gehören, halten allzu gesprächige Mitmenschen ganz schnell für Quasseltanten und eitle Schwätzer, für Oberschnörri und dumme Laferi. Und dazu zitieren sie gerne das alte Sprichwort: «Reden ist Silber, Schweigen ist Gold!»

Zweifellos klirrt in unserem Reden seit urdenklichen Zeiten auch viel schepperndes Blech *(1 Kor 13,1)*, mit bösen und streitsüchtigen Mäulern, mit frechen und überheblichen Lippen, mit falschen und gespaltenen Zungen: geschwollene und nichts sagende Phrasen, üble Nachrede und Gerüchtebörsen, hohler Redestreit, närrischer Lug und Trug!

Das viele Reden führt unweigerlich zur «Sünde» *(Spr 10,19)*, warnt die biblische Weisheit, es gibt ein Gerede, so tödlich wie die Pest! *(Sir 23,12)*

Im Matthäusevangelium fragt Jesus:

«Wer kann Gutes reden, wenn er böse ist? Denn wovon das Herz voll ist, davon redet der Mund.

Der gute Mensch holt aus dem guten Schatze Gutes hervor, und der böse Mensch holt aus dem bösen Schatze Böses hervor.

Ich sage euch aber: Über jedes unnütze Wort, das die Menschen reden, werden sie Rechenschaft ablegen müssen am Tage des Gerichtes. Denn nach deinen Worten wirst du gerecht gesprochen, und nach deinen Worten wirst du verurteilt werden.» *(12,34-37)*

Nach den mittelalterlichen Vorstellungen vom Fegefeuer, von Himmel und Hölle könnten wir befürchten, dass wir alles noch einmal anhören müssen, was je im Verlaufe eines Lebens über unsere Lippen gekommen ist!

Der weise, jahrhundertealte, klösterliche Lebensrhythmus kennt ausgeprägte Ruhezeiten und sorgfältig gepflegte Räume der Stille. Ein guter Rhythmus des Redens und Schweigens ist uns allen nur zu empfehlen. Die Stille will in uns Raum schaffen: für uns selber, für unsere Mitmenschen und für Gott.

Es gibt die nonverbale Kommunikation: das feine Lächeln, ein zärtliches Streicheln, die Mimik und die Gesten. Schon ein Kleinkind spürt sehr genau, ob wir es gut meinen oder nicht. Kinder und Jugendliche merken schnell, was echt ist und was bloss Schein und Fassade.

Unsere Zunge ist unser Medium! Mit der Zunge können wir uns mitteilen, die Zunge ermöglicht gute und tragfähige Beziehungen! «Reden ist Silber, Schweigen ist Gold!» Dieser prägnante Sinnspruch gilt auch umgekehrt: «Schweigen ist Silber, wieder miteinander reden, wäre manchmal pures Gold!»

«Es gibt eine Zeit zum Schweigen und es gibt eine Zeit zum Reden.» *(Koh 3,7)* Es gibt ein Nichtreden, ein Nichtredenkönnen und Nichtmehrredenwollen: ein zu Tode Schweigen! Es gibt Situationen, in denen wir unmöglich schweigen können und dürfen, in denen couragiertes Reden Gold ist und wo wir Rede und Antwort stehen müssen!

Echt goldig ist doch, wenn stumm gemachte und verstummte Menschen wieder miteinander ins Gespräch kommen, aufeinander zugehen, einander begreifen und verstehen.

In der Partnerschaft und in der Familie, im Freundes- und Bekanntenkreis, in der Gesellschaft und auch in den kirchlichen Gemeinschaften gibt es Konflikte, die nur mit einem guten Gespräch gelöst werden können. Nach einem langen düsteren Winterfrost ist eine Aussprache wie ein munteres Vogelgezwitscher beim Frühlingsbeginn.

Redenlassen und zuhören hat mit echter Geschwisterlichkeit und Dialogfähigkeit zu tun: andere Meinungen und Überzeugungen gelten lassen und respektieren lernen, Vorurteile abbauen, falsche Ansichten aufgeben, ein echtes Mitspracherecht einräumen. In dieser Haltung können wir nicht mehr einfach aufeinander losdreschen: Da hat mir niemand dreinzureden, da sage ich, was gilt und wo's langgeht!

Jesus hat weder sture stumme Stockfische noch pausenlos plappernde Papagaien selig gesprochen. In den kostbaren Seligpreisungen der Bergpredigt finden Traurige Trost, Hungrige und Durstige bekommen, was ihnen zusteht, jede Form von Gewalt hat ein Ende, im Frieden des Herzens finden wir den Weg zueinander und zu Gott.

Reden um des Redens willen und Schweigen um des Schweigens willen gilt nicht mehr. Über jedes Reden und über jedes Schweigen befindet das Herz, eine tiefe, gegenseitige Liebe! Die Liebe allein vermag zu entscheiden, wann und wo und bei wem oder zu was geschwiegen werden soll, und wann geredet werden muss. Reden und Schweigen sollen der gegenseitigen Liebe und dem Frieden dienen. *(Ps 35,20)*

Ein chinesisches Sprichwort sagt: «Die andern hören, was wir sagen. Liebende spüren auch das, was wir nicht sagen.» Es ist wunderbar, wenn wir uns beim Reden und Schweigen vom Geist der Bergpredigt Jesu und von der göttlichen Liebe leiten lassen. Beides, Reden und Schweigen, beides ist Silber oder Gold, je nachdem!

Die antike Weisheit mahnt immer wieder zur Mitte zwischen den Extremen und zum richtigen Mass in allen Dingen. *(Horaz, Sat.1,1,106)* Das goldene Mittelmass gilt auch für die gute Balance zwischen Reden und Schweigen. In beidem kann man übertreiben! Doch mit dem Schweigen übertreibt ein richtiges «Redhuis» kaum!

Ich wünsche Ihnen bei allem Reden stets viel Verschwiegenheit und gleichzeitig immer wieder ein gutes beredtes Schweigen! «Es gibt eine Zeit zum Reden und es gibt eine Zeit zum Schweigen.» *(Koh 3,7)*

Suchen wir im Verlaufe des heutigen Sonntags und während der kommenden Woche ganz bewusst schweigsame Momente, geben wir auch dem heiligen Schweigen seinen Platz: Wir schweigen kreativ, wir halten stumme Zwiesprache, wir beten.

Wir meinen, beten sei reden. Beten heisst nicht sich selber reden hören. Erst mit der Zeit merken wir: Beten ist nicht nur Nichtreden. Beten ist sogar mehr als schweigen. Beten heisst still werden und warten. Beten ist hören.

Wenn das Gebet immer tiefer und innerlicher wird, braucht es immer weniger Worte. Es gibt immer weniger zu sagen. Zuletzt werden wir ganz still. Wir lauschen und warten ... warten bis wir Gott reden hören! *(Nach Sören Aabye Kierkegaard)* Rede Du! Ich, ich höre, ich höre jetzt wirklich zu! *(1 Sam 3,9)* Amen.

Murren und Knurren

Ich kenne einen Mann, den alle nur den «Knurri» nennen. Der Knurri hat ständig etwas zu murren und zu meckern, zu motzen und zu rüsseln. Er ist schnell eingeschnappt, knurrt zu allem und zu jedem und nimmt alles immer gleich persönlich. Er ist humorlos, ständig ungehalten, missmutig und unzufrieden, ein ewiger Nörgler und Kritikaster. Nichts ist ihm recht, und niemand kann in seinen Augen etwas richtig machen.

Ehrlicherweise muss ich aber zugeben: Eigentlich bin auch ich ein kleiner Knurri. Immer wieder finde ich Gründe zum Schimpfen und um mich aufzuregen, zum Aufbegehren und zum Lamentieren. Immer wieder nervt mich etwas, immer wieder gehen mir gewisse Leute mit ihrer Art und ihrem Verhalten auf den Wecker.

Ich möchte niemandem zu nahe treten, aber wahrscheinlich sind wir alle solche kleinere oder grössere Knurris. Wir verbringen viel Zeit des Tages und einen beträchtlichen Teil unseres Lebens mit Murren und Knurren, mit Schimpfen und Klagen:

Murren über das Essen, Schimpfen über den Lärm, Klagen über den öffentlichen Verkehr, Ausrufen über rücksichtslose und unfähige Velo- oder Autofahrer, Meckern im Betrieb und bei der Arbeit, Murren sogar in der Freizeit und in den Ferien. Wir sind recht oft am Murren und Knurren, unzufrieden, misstrauisch, voller Argwohn und Verdächtigungen.

Dieses Klima des Unmuts und der Unzufriedenheit findet sich auch in kirchlichen Gemeinschaften. Wohl deswegen gibt es die bitterböse Abwandlung des schönen Jesuswortes: «Wo zwei oder drei in meinem Namen versammelt sind» *(Mt 18,20)* ... da haben sie bestimmt einen dritten oder eine vierte zwischen den Zähnen, die sie mit ihren bissigen Sprüchen zerfleischen und zerhacken.

Mürrischen Knurris passt dieses und jenes nicht in den Kram, sie finden ständig einen Grund zum Missmut und zum Klagen, oftmals aus der Angst heraus, dass sie etwas verpassen, dass sie übervorteilt werden und zu kurz kommen.

Natürlich ist das Gemurre vielfach eher harmlos und nicht giftig gemeint. Oft merken wir gar nicht mehr, dass wir wieder einmal wacker am Murren sind.

Es gibt Stufen des Murrens: der grummelnde Brummbär, der schimpfende, zeternde Rohrspatz, die meckernde Ziege, das bedrohliche Geknurre und Gekläffe eines Hundes, die giftig herumsurrende Wespe, der zähnefletschende Affe ...

Oft ist dies der Grund unseres Murrens: Wir sehen zum Vorneherein alles grau und schwarz auf uns zukommen und machen uns wegen allem und jedem übermässige Sorgen. Sogar wenn es gut kommt und wir glückliche Augenblicke erleben, haben wir das Gefühl, dass da irgendetwas nicht stimmen kann, dass da irgendwo der Wurm drinsteckt. Und bestimmt findet sich dann irgendein Haar in der Suppe und wir können wieder tüchtig murren und knurren.

Aber: Murren schadet, es schadet uns selber und unseren Mitmenschen! Und: Murren ist ansteckend und vergiftet die Atmosphäre!

Der heilige Benedikt von Nursia, der Vater des abendländischen Mönchtums und Verfasser der berühmten lateinischen Benediktsregel, hat seine Klosterbrüder offensichtlich ziemlich gut gekannt. Jedenfalls finden sich in seiner Ordensregel zum Übel der «murmuratio» *(34,6)* viele Hinweise, die auch für uns heutige Murrerinnen und Murrer noch aktuell sind.

«Dazu mahnen wir vor allem», sagt der heilige Benedikt: «Man unterlasse das Murren!» *(40,8)* «Wenn ein Jünger nur mit Missmut gehorcht oder wenn er murrt, sei es auch nicht mit dem Munde, sondern nur im Herzen, dann hat Gott kein Gefallen an ihm, auch wenn er den Befehl ausführt, denn Gott sieht sein Herz murren.» *(5,17f.)*

Brummeln, Meckern, Murren und Schimpfen verspricht eine schnelle Erleichterung. Wir hoffen, unsern Ärger rasch los zu werden und unsere Frustrationen zackig abzuladen. Manchmal können wir auf diese Weise für den Moment wirklich Dampf ablassen, aber meistens nicht für lange, und schon ist der alte Frust wieder da!

Statt Entlastung bringt das ewige Gemurre zusätzliche Belastungen, wir sehen die Welt und unsere Mitmenschen nur negativ und noch schwärzer. Es kann passieren, was will, es passt uns bestimmt irgendetwas nicht!

Das lautstarke Maulen, das innerliche Gemurre und Aufbegehren ist eine hartnäckige Untugend, und wir müssen uns jetzt hier hüten, nicht auch noch über das Murren zu quengeln und zu jammern.

Was können wir machen, wenn wir alles grau in grau sehen und wenn wir mit nichts und mit niemandem zufrieden sind? Wir sollten einfach einmal ruhig stehen bleiben oder still dasitzen, dann können wir ganz bewusst die Augen öffnen und schauen, was wirklich da ist und wer da ist!

Nach dem klugen Rat des heiligen Thomas Morus in seinem Gebet um Humor wenden wir uns ab von diesem «sich breit machenden Etwas, das sich Ich nennt», weg von einem aufgeblasenen Ego mit all seinen grossen und kleinen Sorgen, mit seinen überspannten Ängsten und Wünschen, wir lassen unsern Missmut und unsere Unzufriedenheit los und sehen mit den innern und äusseren Augen, was in uns gut ist und was uns gut tut.

Auf diese Weise kommen wir ins Staunen und ins Danken. Wir werden eingeladen zu einem kleinen Dankgebet! Danken statt Murren! Danken statt Knurren!

Schauen und Staunen, Danken und Loben! Das ist eine ganz einfache, oft vergessene und vielfach vernachlässigte geistliche Übung. Sie ist schlicht und ganz simpel, wir können sie jederzeit und überall praktizieren, z. B. jetzt, in diesem Augenblick des Zuhörens!

Wer hat mir heute schon Gutes getan? Viele von diesen wohltätigen Mitmenschen kenne ich gar nicht, aber ich nehme ihre Dienste einfach gratis in Anspruch. Und ich denke nicht einmal daran, dass der heutige Tag ein Geschenk ist, ja, dass mein ganzes Leben ein einziges grosses Geschenk ist.

Schwieriges und Unerfreuliches gibt es immer. Murren und Knurren führt kaum zu einer Verbesserung. Im Gegenteil: Die Fixierung auf sich selber lähmt und blockiert, sie bringt aber kaum positive Veränderung und neue Hoffnung.

In den Erzählungen von den Wüstenwanderungen Israels ist das Murren des Volkes ein eigentliches Leitmotiv. Die Israeliten rebellieren gegen ihre Anführer Mose und Aaron. Wir lesen darüber im alttestamentlichen Buch Exodus:

Und die ganze Gemeinde der Israeliten kam am fünfzehnten Tag des zweiten Monats nach ihrem Auszug aus Ägypten in die Wüste Sin, die zwischen Elim und dem Sinai liegt.

Da murrte die ganze Gemeinde der Israeliten gegen Mose und Aaron in der Wüste. Die Israeliten sagten zu ihnen: «Wären wir doch durch die Hand Jahwes in Ägypten gestorben, als wir vor Fleischtöpfen sassen und uns satt assen am Brot. Doch ihr habt uns in diese Wüste geführt, um diese ganze Gemeinde vor Hunger sterben zu lassen.»

Da sprach Jahwe zu Mose: «Wohlan, ich will euch Brot vom Himmel regnen lassen. Das Volk soll dann hinausgehen, aber sich nur den täglichen Bedarf sammeln. Damit will ich es prüfen, ob es nach meiner Weisung wandeln will oder nicht. Wenn sie aber am sechsten Tag das Heimgebrachte zubereiten, so wird es doppelt so viel sein, als sie sonst täglich sammeln.»

Da sprachen Mose und Aaron zur ganzen Gemeinde der Israeliten: «Heute Abend sollt ihr erfahren, dass Jahwe es ist, der euch aus Ägypten herausgeführt hat. Und Morgen früh werdet ihr die Herrlichkeit Jahwes schauen. Denn er hat euer Murren gegen Jahwe gehört. Was sind wir, dass ihr gegen uns murrt?»

Und Mose sprach: «Heute Abend wird Euch Jahwe Fleisch zu essen geben und Morgen früh Brot zum Sattwerden; denn Jahwe hört euer Murren, das ihr gegen ihn erhebt. Was sind wir? Nicht gegen uns richtet sich euer Murren, sondern gegen Jahwe.» (16,1-8)

Das Murren des Volkes Israel ist existentiell. In ihrer grossen Not murren die Israeliten nicht nur, sie protestieren, sie schreien und klagen. Jahwe Gott hört ihre Klagen und erhört ihre Not.

Aber die Israeliten müssen in der Wüste auch lernen, von ihren eigenen Ansprüchen und menschlichen Erwartungen wegzukommen und die grösseren Zusammenhänge zu sehen. Sie müssen wieder lernen zu danken, zu danken für das grundlegende Geschenk der Freiheit. Dann schenkt Gott ihnen neue Lebensgrundlagen: Manna und Wachteln, gutes Brot und trinkbares Wasser.

Hüten wir uns vor unnützem, grundlosem Murren, mahnt auch das alttestamentliche Buch der Weisheit *(1,11)*. Unser Murren entzündet sich zumeist nicht an den wirklich schweren Lebensproblemen. Wie kleine unterwürfige Sklavinnen und Sklaven buckeln wir knechtisch und knurren fast ausschliesslich über lästige kleine Widrigkeiten des Alltags.

Schon die antike Welt stellt der «murmuratio», der Untugend des Murrens, die Haltung der «hilaritas» entgegen: die entspannte heitere Gelassenheit, die ausgeglichene Seelenruhe des inneren Friedens!

Die «hilaritas» schenkt uns viel Offenheit und Verständnis für die bunte, herausfordernde Vielfalt der Geschöpfe, den freien Rundblick in die Weite der Schöpfungswelt, den klaren Durchblick bei ihren Relationen und die umfassende, erhebende Perspektive des göttlichen Schöpfers.

Versuchen wir es also wieder einmal! Statt Brummen: Summen! Statt Murren: Schnurren! Statt Knurren, Stänkern, Zanken: einfach Danken! Amen.

Scheisse!

Ich möchte Sie mit einer menschlichen Wirklichkeit konfrontieren, die zunächst kaum zu einer erbaulichen Predig zu passen scheint.

Von der Wiege bis zur Bahre leben wir mit unseren menschlichen Ausscheidungen und werden damit konfrontiert, dass wir diese besonders am Anfang und gegen Ende unseres Lebens nicht oder kaum mehr im Griff haben.

Es braucht sehr viel Zeit, bis ein Säugling nicht mehr in die Windeln macht, und bis ein Kleinkind seine Notdurft selbständig verrichten kann. Und wir wissen, wie viele Störungen es da auch später noch geben kann mit Bettnässen und unkontrolliertem Stuhlgang.

Windeln gehören zum Anfang unseres Lebens und oft gehören Windeln auch wieder zu den letzten Lebensjahren: Pampers, wenn der Stuhlgang noch nicht oder nicht mehr selbständig klappt. Niemand von uns weiss, ob wir im Alter auch in diesem intimen Bereich wieder bedürftig werden und elementar auf behutsame und diskrete Pflege angewiesen sind, ganz wie ein Säugling!

Umso erstaunlicher ist es, dass eines der geläufigsten Modewörter unserer Gesellschaft das Wort «Scheisse» ist. Erst kürzlich konnte man es weltweit über alle Fernsehschirme hören. Als der zweite der 33 geretteten chilenischen Bergleute am 13. Oktober 2010 nach 69 Tagen Gefangenschaft im Erdinneren aus über 600 Metern Tiefe endlich wieder an die Oberfläche gelangte, schrie er begeistert: «Es lebe Chile, Scheisse!»[1] Diesem Kraftwort möchte ich jetzt ein bisschen nachgehen.

Scheisse! Dieses modische Unwort hört man heute ständig und überall. Scheisse zu allem und zu jedem. Scheisse bei der Arbeit und Scheisse in der Freizeit, Scheisse in der Bildung und in der Politik, Scheisswetter und Scheissfrass!

---

[1] Wegen den Spannungen zwischen Chile und Peru wurde auf den chilenischen Kundgebungen «Viva Chile, mierda Perú!» - «Es lebe Chile, Scheisse Perù!» skandiert. Um eine Provokation des Nachbarlandes zu vermeiden, wurde dieser Kampfruf verboten. Nachher skandierten die Demonstranten nur noch «Viva Chile, mierda ...!» Es war ohnehin allen klar, wer in den kurzen Pausen zwischen den Rufen gemeint war. Seither ist «Es lebe Chile, Scheisse!» ein patriotischer Siegesruf.

Man bekommt fast den Scheisser von so viel Scheissdreck! Wir können ausnahmslos alles und alle mit Scheisse verbinden! Selbst Grosseltern reden von «Scheisse». Und schon der Dreikäsehoch mit einem *Gagg in den Hosen staggelt* bei seinem rasanten Hoppeln zum WC: «Sseisse!».

Leichthin sagt man auf Französisch «merde», schon gewichtiger ist das italienische «merda» und allgegenwärtig ist das englische «shit».

Als ich vor Jahren in meinem uralten englischen Wörterbuch nachschlagen wollte, was «shit» eigentlich genau heisst, konnte ich das Wort überhaupt nicht finden. «shit» war damals noch gar nicht «in». In der Zwischenzeit hat sich «siht» explosionsartig verbreitet, «shit» zu allem, was nicht rundläuft, «shit» zu allen, die einem nicht passen, «shit» und «bullshit».

Am Morgen surrt der Scheisswecker und es beginnt das tägliche Scheissgehetze, dann kommen der Scheisschef und die Scheissbüetz, und so geht das den lieben langen Tag! Wenn wir all den täglichen Scheissdreck auf einem Mistwagen einsammeln müssten, wären wir abends unter einem riesigen Miststock erstickt oder in einem stinkenden Güllenloch ertrunken!

Schlimm ist: Diese Scheiss-Atmosphäre ist ansteckend! Du kommst noch bei einigermassen guter Laune an den Arbeitsplatz, und da siehst du diese Scheissgrinden mit ihrem Lätsch, wie wenn alle den Scheisser hätten!

«Es schyysst mech aa!» «Es scheisst mich an!» Wer oder was ist eigentlich dieses *ES*?

Für mich sind solche und ähnliche Sätze SOS-Signale. Ich übersetze sie auf die persönliche Ebene, und dann tönen sie plötzlich ganz anders: «Weisst du, es geht mir verschissen! Du, ich habe Mühe in meiner Beziehung! Du, es geht mir gesundheitlich nicht gut! Du, meine Zukunft sieht trüb aus!» Und es sind nicht nur junge Menschen, die den totalen Anschiss haben!

Was brauchen wir in solch schwierigen Situationen? Ein bisschen echtes Interesse für unser mitmenschliches Gegenüber, ein bisschen Aufmerksamkeit und Freundlichkeit, ein ermunterndes Wort oder ein Zeichen der Anteilnahme und des Mitgefühls, ein bisschen zupackende Hilfe!

Es ist frappant! Bei gewissen Mitmenschen erwarten wir ganz automatisch, dass sie für uns da sind und ihren Dienst ohne Einschränkung tun, persönliche Scheisse hin oder her!

Wir können uns kaum eine Mutter vorstellen, die heute einfach nicht kocht und sagt: «Ihr könnt mich mal! Mir stinkt's! Eure knurrenden Mägen interessieren mich einen feuchten Dreck!»

Keine Notärztin und kein Feuerwehrkommandant wird sagen: «Es gurkt mich an! Heute ist unser Laden dicht!» Wir erwarten ganz selbstverständlich, dass die Feuerwehr und die Notfallequipe ausrücken und vorbehaltlos ihren Dienst tun, ohne Rücksicht auf eine üble Laune oder einen schlimmen Kater von der vorigen Nacht!

Mir kommt da eine biblische Geschichte in den Sinn. Das Johannesvangelium berichtet von einem seit 38 Jahren gelähmten Mann, der eigentlich allen Grund hätte, nur noch «Scheisse!» zu schreien:

«In Jerusalem befindet sich beim Schaftor ein Teich mit fünf Hallen, der auf Hebräisch Betesda heisst. In den Hallen lagen viele Kranke: Blinde, Lahme, an Auszehrung Leidende, die auf die Bewegung des Wassers warteten.

Von Zeit zu Zeit stieg ein Engel des Herrn in den Teich hinab und brachte das Wasser in Wallung. Wer nach dem Aufwallen des Wassers zuerst hinein stieg, wurde gesund, ganz gleich, welche Krankheit er hatte.

Dort war auch ein Mann, der schon 38 Jahre an seiner Krankheit litt. Jesus weilte an einem jüdischen Fest in Jerusalem. Am Teich von Betesda sah er diesen Kranken daliegen und erkannte, dass er schon lange krank war. Da sagte er zu ihm: «Willst du gesund werden?»

Der Kranke antwortete ihm: «Herr, ich habe niemanden, der mich in den Teich trägt, sobald das Wasser aufgewühlt wird. Und wenn ich es selber versuche, ist immer schon jemand vor mir da.»

Jesus sagte zu ihm: «Steh auf, nimm deine Bahre und zeig, dass du gehen kannst!» Im selber Augenblick wurde der Mann gesund. Er nahm seine Bahre und konnte wieder gehen.» (5,1-9)

Jesus heilt einen schwer behinderten Mann. 38 Jahre lang war dieser krank. Mit vielen anderen Kranken und Behinderten lag er am Betesda-Teich in Jerusalem und wartete darauf, dass ihm jemand half, sobald das Wasser in Bewegung kam.

Jesus fragt diesen Schwerkranken: «Willst du gesund werden?» Der Mann gibt Jesus eine ganz erschütternde Antwort: «Ich habe niemanden, der mir hilft, wenn das Wasser sich bewegt!» Ich habe keinen Menschen, der in diesem Moment für mich da ist! Jesus schenkt dem Mann wieder Gesundheit. Er gibt ihm so die Möglichkeit, wieder voll und ganz in der menschlichen Gemeinschaft zu leben.

Im Vergleich zu diesem jahrzehntelang Chronischkranken sind wir alle reich, biblischer ausgedrückt: Wir sind gesegnet. Viele von uns haben eine robuste Gesundheit, wir haben Menschen um uns, die auch in schwierigen Momenten zu uns stehen, Mitmenschen, die ein echtes Interesse haben an unserem Leben, liebe Mitmenschen, die uns immer wieder ihre tiefe Sympathie und ihre Solidarität zu spüren geben, in guten und auch schwierigeren Zeiten.

Jesus zeigt mit dieser Heilungsgeschichte, dass Gott selber ein enormes Interesse hat an jedem Leben, dass kein Mensch je aus der göttlichen Freundschaft herausfallen kann.

Unsere Gesundheit und unsere Beziehungsfähigkeit sind immer wieder gefährdet. Wir haben unsere Krisen. Wir alle haben lahme und blinde Seiten. Wir brauchen die göttliche Freundschaft und die mitmenschliche Kollegialität.

38 lange Jahre musste der Lahme auf Hilfe warten. Den meisten von uns geht es viel besser als dem Gelähmten von Betesda-Teich in Jerusalem.

Vielleicht achten wir künftig etwas sensibler auf das alltägliche Unwort «Scheisse» und werden etwas vorsichtiger beim Herumferkeln mit unserer Fäkalsprache! Bei zu viel Kot und Gülle ist die Gefahr der Überdüngung gross. Ich wünsche uns allen eine gute Verdauung und einen sorgfältigen Sprachgebrauch, auch für unseren Magendarmtrakt!

Klar ist: Nicht alle, die von «Scheisse» reden, stehen schon am Abgrund! Aber jeder Mistfink und jede Dreckschleuder sendet ein Signal aus, das ein Du braucht: dich und mich! Amen! So ist es!

Zeit teilen

Das wissen alle: Der heilige Martin von Tours ist der grosse römische Heilige, der seinen Mantel mit einem alten Bettler geteilt hat! Der verlumpte Greis hatte in der grossen französischen Stadt Amiens gebettelt und vergeblich an unzählige Türen geklopft. Überall wurde er abgewiesen und sogar mit Stockschlägen vertrieben. Er hörte kein gutes Wort und bekam nichts Warmes zu trinken. Nicht einmal ein Stücklein Brot wurde ihm geschenkt! Jetzt ist es stockfinstere Nacht. Es hat geschneit und es ist bitterkalt. Verzweifelt schreit der Bettler vor dem Tor um Hilfe! Der alte Mann friert jämmerlich und hat eiskalte Ohren, sein Bauch ist leer und knurrt!

Da reitet Martin auf das Stadttor zu, mit dem weiten roten Mantel eines römischen Offiziers. Im kalten Schnee hockt der armselige Bettler und schlottert! Martin denkt an das Jesus-Wort in der Bibel: «Was du dem geringsten meiner Brüder und der letzten meiner Schwestern tust, das tust du mir zuliebe!» *(Mt 25,40)* Martin steigt vom hohen Ross herunter. Er schneidet den prächtigen Offiziersmantel mitten entzwei und schenkt die eine Hälfte dem Bettler. Dem Bettler zerspringt fast das Herz vor Freude! Für ihn ist es wie ein Traum: Martin umarmt ihn wie einen Bruder. Martin gibt ihm zu essen und zu trinken, Martin sorgt für eine gute Unterkunft und ein warmes Bett.

Bedenke: Martin von Tours ist nicht heilig geworden, weil er ein einziges Mal einem armen Bettler die Hälfte seines Mantels geschenkt hat. Der heilige Martin wurde nicht nur wegen seiner spektakulären Mantelteilung zum Heiligen. Heilig wurde Martin von Tours wegen seines feinen Gewissens und wegen seiner ganzen Lebenshaltung. Der heilige Martin von Tours hat immer wieder geteilt. Er teilte sein Essen und sein Trinken, er verteilte das Wort Gottes und verschenkte seine Liebe! Der heilige Martin von Tours hat ein Leben lang geteilt.

Martin hat denen geschenkt, die arm und bedürftig waren, denen, die ihn und seine Gaben brauchten. Der heilige Martin hat von dem geschenkt, was ihm selber kostbar war: seinen Mantel, seine Liebe und ... seine Zeit!

Der heilige Martin hat auch seine Zeit geteilt und verschenkt! Zeit teilen? Zeit teilen wie der heilige Martin? Unsere Zeit ist uns doch so kostbar, unsere Lebenszeit wollen wir doch nicht einfach teilen und verschenken! Meine Zeit gehört doch mir selber!

Oft wollen wir einfach unsere Ruhe haben und unsern eigenen Frieden! Wir haben jetzt einfach keine Zeit! Wir wollen unsere Zeit für uns allein! Wir denken nur an uns, dass es uns gut geht: meiner Freizeit, meiner Ferienzeit, meiner Lebenszeit.

Ausserdem: Wir haben doch so wenig Zeit, wir haben fast keine Zeit. Die Zeit läuft uns davon! Im heutigen Stress ist Zeit überall knapp, sie fehlt uns und wir haben selber fast keine freie Zeit, wir sind ständig unter Zeitdruck, in Zeitnot und selber wirklich arm an Zeit, wir haben doch wirklich gar keine Zeit, wir haben doch wirklich selber für nichts Zeit! Wir haben nie Zeit, wir haben für niemanden Zeit! Das bisschen Freizeit gehört doch mir selber, meine wenige Zeit kann ich nun wirklich nicht verschenken!

Arme, armselige Zeit-Bettler! Zeit teilen ist nicht einfach! Und doch können wir wie der heilige Martin auch unsere Zeit teilen! Zeit teilen wird einfach, wenn wir uns von unserem Herzen leiten lassen, wie der heilige Martin! Es gibt Augenblicke in unserem Leben, die uns echt herausfordern, sogar unsere so kostbare Zeit zu teilen! Eine echte Aus-Zeit: Uns Zeit zu nehmen, Zeit teilen, Zeit verschenken!

Allerseelen

An der Beinhauskapelle des Klosters Dionysíou auf dem Athos, dem heiligen Berg der byzantinischen Ostkirche, habe ich vor Jahren den folgenden griechischen Sinnspruch gelesen:

ὡς ἄνθος μαραίνεται
καὶ ὡς ὄναρ παρέρχεται
καὶ διαδύσεται
πᾶς ἄνθρωπος

hos ánthos maraínetai
kai hos ónar parérchetai
kai diadysetai
pas ánthropos.

«Wie eine Blume verblüht
und wie ein Traum vorübergeht,
so vergeht auch jeder Mensch
und taucht wieder unter.»

Ein poetisches Bildwort voller Melancholie! ὡς ἄνθος hos ánthos - ὡς ὄναρ hos ónar - καὶ ... πᾶς ἄνθρωπος kai ... pas ánthropos. Das lautmalerische Spiel mit den Vokalen A und O lässt die Buchstaben Alpha und Omega aufklingen, den ersten und letzten des griechischen Alphabets. Wir Menschen sind von A bis Z, von der Geburt bis zum Tod vergänglich und sterblich, wie ein flüchtiger Traum, wie eine Blume, die bald verwelkt.

Die Natur im Seelenmonat November, das Auf und Ab in Zivilisation und Kultur der Menschheit führen uns in eindrücklicher Weise die Vergänglichkeit vor Augen: Menschliches Aufblühen und menschliches Träumen haben ihre in sich selbst gesetzten natürlichen Grenzen!

Auch im alttestamentlichen Buch Kohelet werden diese Gedanken mit den bekannten Worten verdichtet, die der Prediger Salomo über sein Buch gestellt hat:

«Windhauch ist alles, nur Windhauch. Alles ist Windhauch, und was bleibt dem Menschen von all seiner Mühe?» (Koh 1,2-3)

«Alles hat seine Stunde. Es gibt eine Zeit für das Geborenwerden und eine Zeit für das Sterben, eine Zeit zum Pflanzen und eine Zeit, um das Gepflanzte wieder auszureissen.» (Koh 3,1-2)

Heute ist Allerseelen. An Allerseelen gedenken Christinnen und Christen der Verstorbenen in ihren Familien, im Freundes- und Bekanntenkreis, auch in ihren kirchlichen Gemeinschaften.

Während wir am Festtag von Ostern die Auferstehung Jesu Christi feiern, hoffen wir an Allerseelen auf die Auferstehung und das ewige Leben unserer lieben Verstorbenen.

In unserem Gebet denken wir auch an die vielen, oft namenlosenVerletzten, Verstümmelten und Toten, an alle, die weltweit Opfer wurden von schrecklichen Naturkatastrophen und brutalen Gewalttaten, die Folgen von Hass, Terror und Krieg.

Jeder Tod erinnert uns an unser eigenes Sterben. In jedem alltäglichen kleinen Abschied wird schon der endgültige Abschied voraus genommen.

Wir können uns vielleicht noch daran erinnern, wie wir das erste Mal begriffen haben: Früher oder später trifft es mich, dann muss auch ich sterben.

Auslöser für solche Gedanken kann das Absterben einer Pflanze gewesen sein, oder das Sterben eines Lieblingstieres, der Tod eines nahe stehenden Verwandten oder Bekannten.

Immer wieder müssen wir aufs Neue mit diesem Gedanken fertig werden: Wir werden einmal sterben. Im Verlaufe unseres Lebens wird uns diese unlösbare Verbindung mit dem Tod immer tiefer bewusst.

Im Unterschied zu den Pflanzen und Tieren zeichnen wir Menschen uns aus durch diese Gewissheit: Wir sind sterblich! Nicht wer stirbt, ist sterblich; sterblich ist, wer die Gewissheit hat, sterben zu müssen.

Mein Leben ist tödlich vom Tod bedroht, so einzigartig, einmalig und unwiederholbar es ist. Der Gedanke an den Tod macht uns gewöhnlich Angst und Sorgen. Und wir wissen genau: Der Tod ist persönlich zu bestehen, ich kann ihn nicht verdrängen, abschieben, auf andere übertragen. Kein Mensch entrinnt dem Tod. Vor dem Tod sind wir Menschen alle gleich!

In diesen schweren Augenblicken sind wir dankbar für Sinnbilder: Eine Kerze kann uns bewusst machen, dass wir nicht einfach ziellos leben und sterben. Ein Kreuz kann uns daran erinnern, dass unser Leben und Sterben, dass das Leben und Sterben unserer Lieben trotz aller Vergünglichkeit einen Sinn und ein Ziel haben!

Den Menschen des Alten Bundes wurde dies erst im Laufe ihrer bewegten Geschichte bewusst. In Zeiten schrecklicher Verfolgungen verdichtete sich unter den Gläubigen die Gewissheit, dass die gefallenen Getreuen, dass die leidenden und sterbenden Gerechten bei Gott leben und bei ihm ihre Erfüllung finden.

Im Neuen Testament geht Jesus seinen letzten Schmerzens- und Leidensweg in einem unerschütterlichen Vertrauen. Am Kreuz hängend empfiehlt Jesus sei-nen Geist in die Hände seines himmlischen Vaters.

In ihren beschwerlichen letzten Lebensphasen haben unsere Verstorbenen den Schmerzens- und Leidensweg Jesu vielleicht ganz bewusst miterlebt und mit erlitten. Sie haben den Tod annehmen müssen, je in ihrer eigenen, ganz persönlichen Art.

Viele unter uns haben in jüngster Zeit liebe Menschen verloren. Jeder Todesfall ist mit viel Trauer und Leid, mit Abschiedsschmerzen und schweren Zeiten der Leere, der Einsamkeit und des Fehlens unserer Lieben verbunden. Es quält die Frage nach dem Warum.

Je enger und besser, je tiefer und lebensvoller unsere familiären und freundschaftlichen Beziehungen sind, desto leidvoller und schmerzlicher wird auch die Trennung und der Abschied an der für uns Menschen so harten, scheinbar endgültigen Grenze des Todes.

Das Dahinsterben und der Verlust einer lieben Lebenspartnerin, eines treuen Lebenspartners, mit dem oder mit der man im Leben so vieles geteilt hat, schlagen tiefe Wunden. Und tiefe Verwundungen hinterlässt auch die leidvolle Erfahrung, wenn Mütter und Väter ihre eigenen Kinder vor ihrer Zeit hergeben und begraben müssen.

Oft liest man unter den Sonnenuhren der Barockzeit diese beiden mahnenden Sinnsprüche: «ULTIMA LATET.» «ULTIMA NECAT.» Die letzte Stunde liegt im Verborgenen, die letzte Stunde bringt den Augenblick des Todes, manchmal in einem jahrelangen quälenden Abschiedsprozess, manchmal aber auch ganz unverhofft und mitten aus dem Leben heraus.

In schweren Momenten hilft vielen von uns die Betrachtung der Leidensgeschichte Jesu. An sie erinnern auch die sieben Tagzeiten des kirchlichen Stundengebets, von der so genannten Matutin am frühen Morgen bis zur abendlichen

Komplet. Die Non der neunten Stunde weckt nachmittags um drei Uhr die schwere Erinnerung an die Todesstunde Jesu.

Auf dem Chorgestühl des Stifts von Beromünster trägt der Engel der römischen neunten Stunde ein Spruchband mit dem Halbvers: «LATUS EJUS NONA BIPERTIT» - «Die neunte Stunde zerteilt seine Seite.» Im Johannes-Evangelium steht: «Einer von den Soldaten stiess Jesus eine Lanze in die Seite, und sofort floss Blut und Wasser heraus.» *(Joh 19,34)*

Das zugehörige Betrachtungsbild enthält eine Szene unmittelbar vor dem Tod Jesu. Sie stammt ebenfalls aus dem Johannes-Evangelium:

Beim Kreuz Jesu standen seine Mutter und die Schwester seiner Mutter, Maria, die Frau des Klopas, und Maria von Mágdala.

Als nun Jesus seine Mutter sah und bei ihr den Jünger, den er liebte, sagte er zu seiner Mutter: «Frau, siehe, das ist dein Sohn!»

Danach sagte er zu dem Jünger: «Siehe, das ist deine Mutter!» Und von der Stunde an nahm der Jünger die Mutter Jesu zu sich. (Joh 19,25-27)

Diese erschütternde Szene schildert einen bewegenden Abschied: Jesus ist ans Kreuz geschlagen worden. Er leidet qualvoll, und er weiss, dass er jeden Augenblick sterben wird.

Da sieht er seinen liebsten Jünger Johannes und neben ihm einige Frauen, darunter seine Mutter Maria. Was wird jetzt mit seiner Mutter geschehen, was wird aus seinem Lieblingsjünger?

Mitten im Leiden und Sterben, mitten in dieser verzweifelten Todesnot stiftet Jesus eine neue Familie. Von jetzt an ist sein Lieblingsjünger Johannes der Sohn von Maria, und seine Mutter Maria wird zur Mutter von Johannes. Maria und Johannes wohnen von jetzt an zusammen, im Sinn und Geiste Jesu sind sie eine ganz neue Familie.

Die beiden haben volles Vertrauen zueinander, sie kennen sich und haben sich herzlich gern, sie spüren, wenn es dem andern nicht gut geht, sie helfen einander in guten und in schlechten Zeiten, in Gesundheit und in Krankheit, auch im Leiden und Sterben.

Am Kreuz stiftet Jesus diese neue christliche Urfamilie. Sie knüpft so innige Bande, wie eine gute Familie und eine echte Blutsverwandtschaft. In ihren Adern fliesst das Blut christlicher Liebe.

Die ersten Christinnen und Christen - so berichtet idealisierend die Apostelgeschichte - waren ein Herz und eine Seele, sie bildeten eine urchristliche Liebesgemeinschaft. Sie hatten alles gemeinsam und jede und jeder bekam, was er brauchte, sie lebten im Geist Jesu und waren eine geschwisterliche Gemeinschaft der Herzen. *(Joh 2,44-47)* Sie waren füreinander Mütter und Väter, Söhne und Töchter, alle waren untereinander Schwestern und Brüder im Geiste Jesu.

Wäre es nicht wunderbar, wenn die Leute auch heute von unseren christlichen und kirchlichen Gemeinschaften das selbe sagen könnten? Seht, wie sie einander lieben, wie in einer grossen intakten Familie, unabhängig von verwandtschaftlichen Beziehungen, ganz unabhängig von Portemonnaie und Status, ohne auf äussere Schönheit oder Gesundheit zu schauen, ohne dass Charme, Intelligenz und Ansehen eine entscheidende Rolle spielen!

Seht, wie sie einander lieben, ganz besonders die geistig und körperlich Schwachen, die Kranken und die Leidenden, die Kleinen und die zu Kurzgekommenen. Seht, wie sie jene in ihre Mitte nehmen, die unter schweren Verlusten und tiefen seelischen Verwundungen leiden!

Es ist wunderbar, wenn Leidende und Sterbende diese familienübergreifende Sorge erfahren dürfen. Es ist wunderbar, wenn weinende und trauernde, wenn leidende und mit ihrem Schicksal hadernde Hinterbliebene, wenn Vereinsamte und Verbitterte neu in diese grosse christliche Familie aufgenommen werden und in ihrem Schoss Trost und neue Hoffnung erfahren: Du darfst wieder Sohn und Tochter werden, du darfst einen neuen Vater und eine neue Mutter erleben!

Seht, wie sie sich herzlich gern haben! Sie sind eine richtige christliche Urfamilie, auch in schweren und traurigen Augenblicken ganz erfüllt vom göttlichen Geist Jesu. In aller Trauer werden sie getragen von der Hoffnung auf die Auferstehung und das ewige Leben in der Gnade Gottes.

Die neue christliche Familie lebt in Verbundenheit und Liebe über die Todesgrenze hinaus. Sie lebt die Gemeinschaft mit den Toten in der trostvollen Glaubensgewissheit, dass unsere lieben Verstorbenen in Gottes väterlichen und mütterlichen Armen im ewigen Frieden ruhen und für immermit uns verbunden bleiben.

Für die Stunden des heutigen Gedenktages von Allerseelen und für die kommende Woche wünsche ich Ihnen diese tiefe Zuversicht: Auch wir dürfen fest darauf vertrauen, dass wir selber nicht im Tod bleiben. Die Liebe ist stärker als der

Tod, die Liebe lebt. Der Tod kann Menschen nicht trennen, welche die Liebe zusammenhält. Amen.

Printed by Books on Demand GmbH, Norderstedt / Germany